庆祝改革开放40年·我们一起走过

激荡江海潮

中共南通市委宣传部
南通报业传媒集团

40th

江苏人民出版社

contents

目 录

01 走过四十年——写在南通改革开放 40 周年之际

发展述评

15 思想先声
22 动力澎湃
29 产业蝶变
35 通达天下
41 大城崛起
47 三农巨变
53 民生答卷
60 文明赞歌
67 党建基石

县市区特别报道

77 启东：融入上海，发展内涵大提升
83 海安：枢纽经济，构建赶超大格局
89 海门：江海联动，融合开放大通道
96 如东：沿海开发，崛起千亿产业带
103 通州：链式发展，培育产业大集群
109 南通开发区：项目引领，江海大地崛起“金南翼”
116 崇川：砥砺奋进迈向品质之城
123 如皋：创新驱动，腾起千亿产业巨龙

contents

130 27 年巨变，港闸向上向美向善

系列短视频

139 第一集：第一平台
141 第二集：沿海春秋
143 第三集：百年沉浮
145 第四集：超级工程
147 第五集：科教兴邦
149 第六集：家国担当
151 第七集：效率变革
153 第八集：冠军之城
155 第九集：区域合作
157 第十集：振兴乡村
159 第十一集：新侨之乡
161 第十二集：春风化雨

图说巨变

走过四十年

——写在南通改革开放 40 周年之际

中共南通市委党史工作办公室

1976 年粉碎林彪江青反革命集团后，各个领域开展拨乱反正。1978 年 3 月起，真理标准问题的讨论在全国逐步展开。当时，南通正组织平反冤假错案，落实政策等，推进拨乱反正。真理标准问题讨论展开后，南通地委、市委组织各县、各系统集中讨论，逐步统一思想，坚持实践是检验真理的唯一标准。

这场讨论为冲破“两个凡是”严重束缚，重新确立马克思主义思想路线、政治路线和组织路线奠定了理论基础，成为实现党和国家历史性伟大转折的思想基础。

1978 年 12 月 13 日，邓小平在中央工作会议发表《解放思想，实事求是，团结一致向前看》的讲话，成为随后召开的十一届三中全会主题报告。12 月 18—22 日，党的十一届三中全会召开，实现全党工作重心的转移，改革开放就此拉开帷幕。

（一）

南通的改革开放自 1979 年展开，至 80 年代末，主要集中在农村经营管理体制改革、城市经济体制改革、计划管理体制调整、对外开放等方面。

改革首先在农村展开。中共十一届三中全会通过的《关于加快农业发展若干问题的决定（草案）》，明确提出了“加强劳动组织，建立严格的生产责任制”。南通最初的责任制以生产队为单位进行试点，在生产队统一核算、统一分配的前提下，对作业组的粮棉生产实行“五定一奖”，即定人员、定土地、定产量（产值）、定生产成本、定工分报酬，对完成定额指标任务或超产降本的作业组给予适当的经济奖励，反之，进行适当的经济赔偿。接着，又在较大范围内实行了“五统一”的生产责任制，即生产队统一核算、统一计划、统一使用劳动力、统一调配农机具、统一分配。至 1979 年 3 月，一半以上生产队推行“五统一”生产责任制。1980 年开始推行联产到劳生产责任制。1982 年，推行以家庭为单位的包干到户责任制。至 1983 年 4 月，全市 98.8%的生产队实行包干到户责任制。包产到户实行的是“集体统一核算、统一分配”，而包干到户则是“交够国家的、留足集体的、剩下是自己的”，家庭成为农村生产经营的基础。此后，家庭联产承包制逐步完善，1989 年以后推行“两田制”（口粮田、责任田）调整，农村土地承包制逐步稳定。

农村生产体制的改革，极大解放了生产力。最直接的表现就是农作物产量的增加，农村多种经营的开展，以及农民收入的显著提高。

随着农村生产经营体制的改革，种植业之外，养殖、加工业得到快速发展。海安农村普遍发展庭院经济，走出了一条种、养、加、出综合发展的“海安之路”。由于交通条件限制，农民用自行车将大批鸡鸭运至上海等地。“百万雄鸡下江南”成为当时一大风景。

与农业生产经营体制改革相伴而生的，是乡镇企业的崛起。当初以集体所有制形式发展起来的乡镇企业，成为 20 世纪 80 年代增添发展活力的重要源泉，许多当今在全省、全国有影响的企业在这一时期孕育而生，著名的叠石桥家纺市场成为其中的典型。各地雨后春笋般建立起来的乡镇企业，经过后期的改制，成为当今南通民营经济重要组成部分。

农村体制改革解放出来的大量劳动力，纷纷加入建筑队伍，推动南通

建筑铁军在 20 世纪 80 年代快速发展。以承建的拉萨饭店 1988 年获鲁班奖为标志，南通建筑铁军从此声名远播，驰骋全国建筑市场，并拓展海外建筑市场。

随着家庭联产承包制的普遍建立，1958 年以来建立的农村人民公社逐步失去存在的意义。1983 年，农村实行政社分开，在原有公社管辖范围内建立乡政府，农村人民公社撤销。

工业和城市经济体制改革是改革的另一个重点。20 世纪 80 年代初的南通市（这里指当时的城区和郊区），大力发展轻纺工业。1981 年，《人民日报》报道 :南通市工业经济效益跃居全国前列，成为继常州市之后又一个人均工业产值超万元的中等城市。南通成为全国有名的“明星城市”，受到中央领导肯定。

1984 年起，南通城市经济改革力度加大，改革的重点是搞活企业、发展有计划的商品经济、培育市场体系。国营企业历经改革领导管理体制、扩大经营自主权、打破“三铁”（铁交椅、铁工资、铁饭碗）的过程，至 1987 年，市、县集体企业全面推行厂长（经理）负责制，全市预算内国有工业企业和多数集体工业企业实行承包经营。

20 世纪 80 年代的改革已经触及计划体制的改革。50 年代逐步形成的计划体制覆盖生产生活的各个领域。1982 年党的十二大明确要以计划经济为主，市场调节为辅，承认市场的作用，允许和鼓励商品生产，这是对单一计划体制的突破。 1985 年，国家对计划体制作重大调整，将原有的单一计划管理分为指令性计划、指导性计划和市场调节三种形式。表现在农业生产和流通领域，取消了农副产品的统购派购制度，其中粮棉等少数重要产品实行国家计划合同收购，其余部分自由出售。供应方面则实行计划供应及市场议价供应相结合，其他产品逐步放开，自由交易。国家不再向农民下达指令性生产计划。农村经济被纳入有计划的商品经济体系。

工业计划方面，实行计划管理的工业产品种类也大幅减少。指令性计划由 65 种减为 18 种，指导性计划 45 种，其余品种实行市场调节。物资流通方面，国家分配及地方统一组织的煤炭、钢材、木材、水泥等少数重要物资实行计划分配，其余实行指导性计划和市场调节。劳动用工则实行指令性计划和指导性计划结合，同时实行劳动合同制。

对外开放是这一时期的另一个重点。有一首歌这样唱道：有一位老人在中国的南海边画了一个圈，神话般地崛起座座城。经济特区的成功经验，让改革开放春风吹满全国。1984 年，中央筹划进一步对外开放，南通成为全国进一步对外开放 14 个沿海开放城市之一，12 月，国务院批准《南通市进一步对外开放方案》，同时批准设立南通市经济技术开发区，南通对外开放大门打开。

实际上，南通对外开放早于这一时点。1980 年，南通港成为长江对外贸易港，通棉二厂以贸易补偿方式使用外资引进国外设备；1982 年，南通港对外籍船舶开放；1982 年，南通第一家中外合资企业设立；1983 年，第一艘外籍轮船进入南通狼山港区。成为进一步对外开放沿海港口城市后，南通对外开放步伐加快，1988—1991 年，南通辖县城镇对外国人次第开放，大门对外全面打开。

《南通市进一步对外开放方案》提出大力搞好纺织、轻工老企业及全行业的技术改造，相应搞好机械、电子、化工、医药、建材、船舶等工业企业的改造；同时，通过采取合资经营、合作生产、外商独资经营、补偿贸易、外汇贷款、租赁以及来料加工、来件装配、来样加工等方式，上一批投资少、见效快、收益好的中小型项目。其直接的效果是，80 年代末、90 年代初，长江自行车、桃花风扇、黑桃钢琴、宝石花收音机，以及“连中三元”的三元电视等一大批工业明星产品在省内国内叫响。尽管如今其中的大多数已经仅存于人们的记忆中，但却成为那个时代南通工业繁荣的缩影。

20 世纪 80 年代中后期，随着改革开放和商品经济的发展，物资供应逐步丰富，一些原来凭票供应的布匹等生活用品首先实现了市场供应；粮油的双轨制供应中，市场议价供应比重增加。1985 年以后，议价粮油全部实现市场供应。经过发展，与 1980 年相比，无论是工农业总产值，还是地区生产总值及人均地区生产总值，均在 1987 年提前实现了翻一番，即工农业总产值由 116.04 亿元增加到 252.51 亿元，地区生产总值由 35.66 亿元增加到 90.73 亿元，人均地区生产总值由 490 元增加到 1206 元。温饱问题也得到基本解决。

（二）

时光进入 20 世纪 90 年代，伴随着浦东开发开放和小平同志南方谈话，以“发展是硬道理”和“三个有利于”为支撑，以建立社会主义市场经济体制为导向，深层次的改革和全方位的开放成为这一时期的主题。重点在三个方面：一是围绕市场经济体制的建立，推进国有集体企业改革；二是从社会主义初级阶段特点出发，推进社会保障体制改革，包括医疗、住房等体制改革；三是通过园区平台建设，加大对外开放力度。

1992 年召开的党的十四大，确立了建立社会主义市场经济体制的目标。围绕这一目标，南通重点推进国有和集体企业改革改制及结构调整。

上世纪 90 年代的经济体制改革围绕产权制度改革而展开。1992 年，开始股份制改革试点。1993 年，将推行股份制作为改革突破口，按照十四届三中全会《中共中央关于建立社会主义市场经济体制若干问题的决定》的要求，将建立“产权清晰、权责明确、政企分开、管理科学”的现代企业制度作为改革目标。1995 年以后，借鉴山东诸城企业改制和浙江一些城市发展民营经济的经验，全市以产权制度改革为重点的企业股份制、股份合作制改革由点到面全面推开。至 1997 年，90% 以上的国有、城镇集体、乡镇企业实行多种形式的改制，南通跨入全国中小企业改革先进地区行列。期间，南通被列为全国优化资本结构试点城市，进一步推进国有、集体企业改制，组建一批企业集团，推进现代企业制度的建立，通过多种形式实现公有资产从一般性竞争领域退出，为国有企业战略性改组为民营企业创造广阔空间。

结构的调整则包括产业、产品结构和规模效益的调整。

产业结构调整就是调整一、二、三产业在地区生产总值中的占比，是在保证农业基础地位的同时，增加第二、第三产业占比。1989 年，全市三次产业比例为 32.2∶43.9∶22.9，农业约占 1/3。1992 年以后，第二产业占比稳定在 50% 左右，第三产业占比逐步提升，1995 年超过第一产业。1999 年，三次产业占比为 19.2∶48.9∶31.9，第一产业占比已不足 1/5，第三产业占比提升至近 1/3。

产品结构调整，强调的是以市场为导向，加速原有产品的更新换代，注重开发高利税、高创汇、高附加值、高覆盖率的产品。1992 年，明确从轻纺、电子行业入手，选择一批能够进入千家万户、有一定基础的产品作为创名牌目标，统一牌号，上水平、上批量，尽快形成新优势。

1994 年，市委、市政府将“调高、调大、调优、调外”作为结构调整的主攻方向，南通华容电子集团、南通国棉一厂、南通醋酸化工厂的 3 个项目列入国家首批“双加”（加大投入力度、加快实施进度）计划。

1995 年，全市工业经济确立“外向、规模、名牌”三大发展战略，市政府相继出台《关于市区工业实施五二〇规模工程的意见》《关于实施一〇五〇名牌工程的意见》《关于加强工业企业技术改造工作的意见》。其中五二〇规模工程，目标是至 2000 年，销售收入超过 50 亿元的企业集团不少于 5 个，超过 20 亿元的企业集团不少于 20 个。一〇五〇名牌工程则为在 3—5 年内形成 10 个具有争创国际名牌水平的产品和 50 个具

有国内领先水平的产品。

1992 年，明确积极发展港口工业，将港口经济作为新兴经济支柱。船舶修造也加速发展。

1997 年，明确提出发展机械及汽车配套业、电子信息及电子元器件、精细化工及制药、高档纺织及服装、新材料、船舶业 6 大支柱产业，市政府制定出台“九五”期间工业支柱产业发展计划，选择 60 个重点企业（集团），66 个重点建设项目，总投资 160 亿元。

通过引进外资，优化结构，大生的大吉棉纱系列、三友服装系列等产品竞争力增强。电子行业的重点产品电子元器件、半导体器件等产品抢占市场，跻身全国前列。

从社会主义初级阶段实际出发，推进社会保障制度改革，是 90 年代改革的另一重点。

首先是住房制度改革。南通市公有住房出售在前期探索的基础上全面展开。1993 年，市政府出台《南通市市区优惠出售公有住房办法》，符合条件的公有住房以每平方米 300 元的基价（砖混一级）向原租住户出售，并规定了优惠条件，当年共出售 5 万多套，其余房屋在随后陆续出售。所售公房在 5 年后实现了上市流通。1999 年，住房分配货币化开始运作，延续数十年的实物分房历史结束。

其次是推行养老社会化管理。从 1993 年起，市区全面启动一体化养老保险制度，参加养老保险的企业职工无论企业所有制性质、不分用工形式，一律按工资总额的同一比例缴纳养老保险费，退休后按同等条件享受同等待遇。

第三项是探索医疗制度改革。1996 年，南通成为全国医疗制度改革扩大试点城市。1997 年 3 月，市政府印发《南通市职工医疗保险暂行办法》，对南通市职工医疗保险实施范围和对象、用人单位和个人缴费基数与比率、职工个人医疗账户和社会统筹基金、职工医疗保险待遇与费用分担、医疗医药定点制度等作出规定，初步建立社会统筹基金与个人账户相结合的医疗制度。1998 年，国务院出台《关于建立城镇职工基本医疗保险制度的决定》(国发〔1998〕44 号)，南通医疗保险制度在完善的基础上于 2000 年全面实施。

对外开放在 90 年代有了突破。1990 年，“外向开拓”成为南通发展战略，发展外向型经济成为目标。1992 年以后，南通市出台一系列政策，推进对外开放。同时，在加大国家级南通经济技术开发区建设的同时，各县自费建立开发园区，并于 1993 年以后逐步成为省级经济技术开发区，推动了对外开放。1990 年，全市外贸出口额 1.56 亿元，1995 年超过 10 亿美元，2000 年超过 20 亿美元。1993 年以后，每年实际利用外资均在 1 亿美元以上，最高年份超过 6 亿美元。

(三)

进入 21 世纪，改革发展重点主要在五个方面：一是围绕“依托江海，崛起苏中，融入苏南，接轨上海，走向世界”的发展思路，理顺发展重点和布局；二是在提高行政效率上做文章；三是在社会管理上求创新；四是在平台建设上下功夫；五是在提升城市形象方面求突破。

2001 年，市委提出在苏中率先崛起目标；2003 年，进一步将发展思路概括为“依托江海，崛起苏中，融入苏南，接轨上海，走向世界”。

南通作为沿江沿海城市，这一时期的改革发展注重江海一体化发展。2003 年以后，在全省推进沿江开发战略的基础上，南通加大江海联动开发力度。依托江海岸线条件，发展港口运输业，发展船舶海工业。2009 年以后，江苏沿江开发和长三角一体化战略上升为国家战略，南通抓住两大战略叠加的机遇期，做好融入苏南、接轨上海大文章。

此前，为了更好地融入苏南、接轨上海，千方百计推动通道建设。经过努力，苏通长江大桥于 2003 年开工建设，2008 年建成通车，南通进入上海一小时都市圈。另一条通道崇启大桥也于 2008 年开工兴建，2011 年开通。

国企改革在这一时期打了一场攻坚战。2002 年至 2004 年，市区对 12 家“大而盈、大而亏、大而难”的国有企业改制重组，做大做强。以国有老企业南通国棉二厂整体被国有控股的江苏大生集团兼并为标志，市属国有企业战略性改组和国有经济布局战略性调整取得阶段性成果。随着国有股权从一般竞争性领域陆续退出，为多种所有制经济尤其是民营经济蓬勃发展腾出了空间。

功夫在诗外。这一时期，改进机关作风，提升行政效能，成为改革的重要环节。2001 年起，每年年初召开市级机关作风建设大会，部署作风建设。同时出台考评政策，提升行政效能。

社会管理创新是这一时期的又一亮点。2003 年起，全市普遍建立起社会矛盾纠纷大调解机制，推进平安城市及和谐社会建设，并一举成为全国典型。

这一时期，在推动城市化建设的同时，不断在营造城市软硬环境、提升城市形象方面做文章。2003 年，推动中国近代第一城研讨和宣传，使“中国近代第一城”成为南通名片。2005 年，组织“南通精神”大讨论，对“包容会通、敢为人先”的新时期南通精神作了诠释。同一年，全面启动以创建全国文明城市为龙头的“五城同创”，并在 5 年内相继获得国家环保模范城市（2006）、国家卫生城市（2007）、国家园林城市（2008）、全国文明城市（2009）、历史文化名城（2009）等称号，并赢得全国社会治安综合治理“长安杯”（2009）。

这一阶段，因应中国加入世贸组织后的形势，南通不断在推动开放、走向世界方面做文章，其中的重要举措是推动开放平台建设。2001 年起，每年举办中国南通港口经济洽谈会，吸引国内外客商与南通开展经贸合作。2004 年、2005 年、2007 年，举办三届世界大城市带发展高层论坛，将南通推向世界。南通对外贸易在这一时期有了巨大发展。2005 年出口额突破 50 亿美元，2008 年突破 100 亿美元。2004 年实际利用外资超过 10 亿美元，2006 年以后均保持在 20 亿美元以上。

（四）

2011 年以后，特别是党的十八大以后，开启改革发展新时代，全面推进“五位一体”总体布局和“四个全面”战略布局，改革全面展开，重点包括：一是抓住国家多项发展战略叠加优势，推进沿海沿江开发；二是行政审批改革提速；三是进一步明晰产业发展布局；四是更加突出创新发展。

这一时期，江苏沿海开发、长三角一体化发展、“一带一路”建设、长江经济带发展等强势推进，地处沿江沿海的南通，抓住国家多项发展战略叠加的机遇，推进改革发展。

全面深化改革在这一时期展开。2014 年以后，成立全面深化改革领导机构，出台各项改革举措，涉及政府职能转变和机构改革、医药卫生体制改革、财税体制改革、文化体制改革等领域。

沿江沿海和江海联动开发在过去发展的基础上注重整体规划和突出重点。2012 年初，启动通州湾建设，规划将其建设为高水平的先进制造业基地、重要的港口物流中心和环境优美、生态宜居的海港新城。2013 年，南通陆海统筹发展综合配套改革试验区总体方案获省政府批准，陆海统筹发展综合配套改革全面展开。

跨江融合、接轨上海工作全面推进。2013 年，沪通铁路和沪通大桥开工建设，建成后南通与上海联系将更加密切。2016 年以后，推动南通建设

上海北大门，制定《南通建设上海大都市北翼门户城市总体方案》，在长江经济带和长三角一体化发展中发挥更大作用。

这一时期，行政审批体制改革始终走在全国前列。2012 年，南通政务中心建成运行，2015 年成为全国首批相对集中行政许可权改革试点城市，在全国第一个挂牌成立行政审批局，“一枚印章管到底”经验于 2016 年成为全国“放管服”改革典型。

项目建设是推动高质量发展的重要抓手。2016 年，市委、市政府将“3+3+N”产业体系建设作为项目建设的重点，即高端纺织、船舶海工和电子信息三大重点支柱产业，智能装备、新材料、新能源和新能源汽车三大重点新兴产业，以及符合产业发展导向、有利于发挥自身优势的若干产业。

创新驱动发展。2012 年，南通成为全国创新型试点城市，积极实施创新驱动战略。2016 年 9 月，南通市第十二次党代会将“具有区域影响力的创新之都”列为南通未来发展的四大战略定位之一，随后规划启动中央创新区建设。该区域作为城市的功能核，突出产业科技创新，通过打造科创、文创、医学、会展“四大中心”，强化教育配套服务功能，加速形成科技创新示范区，成为未来南通新的经济增长极。目前，中创区建设正全力推进。

2018 年 4 月起，市委部署“解放思想，追赶超越，推动高质量发展”大讨论，全面落实“一个龙头，三个先锋”新定位，推动南通高质量发展走在全省前列。

40 年的改革发展，始终以思想解放为引领，党的自身建设和政治改革贯穿始终，中国特色社会主义制度日趋完善，人民群众生活水平不断提高，美好蓝图逐步实现。

40 年的改革发展，南通综合实力不断增强。1978 年，全市地区生产总值 29.39 亿元。2017 年，这一数据为 7734.6 亿元，增加 260 多倍，多项综合发展指标列全省乃至全国地级市前列。

纵观 40 年改革开放，始终以中国特色社会主义理论为指导，始终沿着中国特色社会主义道路前行。通过改革开放，中国特色社会主义制度更加完善，文化更加繁荣，人民群众在改革发展中享受到更多的发展成果。在中国特色社会主义新时代，南通人民在党的领导下，正在向全面小康和富强民主文明和谐美丽的社会主义现代化强国奋力迈进。

发展述评

改革开放 40 年，江海大地上发生的沧桑巨变，是我们国家伟大变革的一个生动缩影。2018 年 12 月 17 日至 25 日,《南通日报》推出南通改革开放 40 年发展系列述评，展现南通奔腾澎湃的改革开放实践，描绘全市人民革故鼎新的精神风貌，讲述推动高质量发展的“南通故事”，为南通落实好省委赋予的“一个龙头、三个先锋”新定位、新使命加油鼓劲、汇聚力量。

庆祝改革开放40年发展述评①

思想先声

文 / 徐亚华

历史，总是在一些特殊年份，给人们以汲取智慧、继续前行的力量。

1978—2018，对于历经苦难而又生生不息、正在现代化之路上大踏步前行的中国来说，是不同于以往任何一个历史时期、具有特殊意义的 40 年。

在这场波澜壮阔的时代大潮、亘古未有的历史巨变中，南通人是有足够资本为 40 年成就而骄傲的。从 1978 年改革开放大幕开启，南通历届市委市政府带领全市人民紧跟时代，解放思想，披荆斩棘，顽强拼搏，取得了经济社会发展的巨大成就。特别是党的十八大以来，南通抓住推动高质量发展的时代机遇，以项目为抓手推进产业、城市、交通转型升级，一批关系长远、牵动全局的大事要事谋定而后动，新一轮跨越赶超发展全面起势。

习近平总书记深刻指出："没有思想大解放，就不会有改革大突破。"回顾南通改革开放 40 年来的每一次跨越，伴随的是一次次的观念突破和思想解放。正如市委书记陆志鹏在市委十二届六次全会上所说："解放思想是推动事业发展的法宝。南通发展的历程，就是解放思想与事业发展相互激荡、观念创新与实践探索相互促进的历程。"

得风气之先

这是一个得风气之先的城市。

"思想要有时代性，事业要应着世界潮流。"百年前的南通，先贤张謇兴实业、办教育，为南通留下了诸多全国首创的事业，成就了两院院士吴良镛称赞的“中国近代第一城”辉煌。

而在 40 年前开始的改革开放大潮中，南通又因跻身首批 14 个沿海开放城市，而拥有了特定的历史地位。

这一地位，来之不易，本身就是改革开放初期南通人解放思想的结果。

与其他城市一样，党的十一届三中全会之后，沐浴着从北京吹来的春风，南通从封闭和墨守成规中舒展身心。全市上下思想解放、劲头十足，在全心全意投入经济建设过程中，南通人的聪明才智得到极大释放，南通的发展引人瞩目。1982 年 8 月 18 日，新华社公开报道，南通市成为全国工业城市生产发展速度快、经济效益好、被誉为“明星”的中等城市之一。特别是港口、电厂等重大基础设施紧锣密鼓推进，为其后南通全面对外开放奠定了坚实基础。

机遇总是垂青有准备的人。1984 年初，已经有了充分准备的南通，得到了一个令人振奋的消息——中央决定，在已有 4 个经济特区的基础上，再分期分批进一步开放沿海港口城市。

南通需要开放，南通有条件开放，南通要力争跨上进一步对外开放的头班车。南通市委、市政府敏锐地意识到，对南通而言，这是一个重大的机遇，必须牢牢抓住。

尽管在有关方面起初酝酿的名单中，南通并不在其中，但南通人毫不气馁，想方设法取得支持。凭借良好的工业经济基础、滨江临海的区位优势、得天独厚的港口条件，南通如愿以偿地登上了对外开放的头班车。

事非经过不知难。改革开放初期，各种新与旧的观念碰撞自难避免。

“‘禁区’重重，‘框框’种种，每前进一步都十分艰难。”2018 年，曾任南通市委书记的朱剑，在本报撰文回忆“南通改革开放初的几件事”，就足以印证思想解放的难能可贵。

其中之一，就是那场关于中外合资搞房地产开发是否会涉及领土主权的争议。其时，中外合资搞房地产开发，在江苏乃至全国尚无先例。能不能搞？在反复论证乃至争辩中，思想与认识渐趋统一：实践是检验真理的唯一标准。我们应该解放思想，大胆探索。法律上没有允许，但也没有不允许，为什么不能试一试……

这场讨论，直接的结果是，南通历史上首个以房地产开发为主的合资企业，沐浴着思想解放的春风而诞生；更深的意义在于，不仅促进了领导层的思想解放，而且成为解决改革开放中新问题的好办法。

冲破"两个凡是"的束缚，打破个人崇拜；冲破姓"社"姓"资"的束缚，打破计划经济的崇拜；冲破姓"公"姓"私"的束缚，打破所有制问题上的公有崇拜……改革开放以来，南通人关注和参与了每一次全国性的思想解放大讨论，从中汲取前进的无穷力量，推动了对外开放及经济社会各项事业的发展。

跨思想"天堑"

大江大海交汇激荡，历经数千年冲积而成的江海平原，为南通人民提供了生息繁衍的家园。但长期以来，一条大江，迟滞了南通人走出去的脚步，更阻隔了观念的交流和思想的沟通。

"冲破思想上的长江天堑"，改革开放 40 年，南通的自我反思一以贯之。其中，发端于上世纪 90 年代初的一次思想解放大讨论，影响至今。

那一年早春，改革开放的总设计师视察南方并发表重要讲话。东方风来满眼春，在全国激荡起的思想解放浪潮，也推动了南通人的警醒与奋起。

其时，曾与苏锡常并称"四小虎"的南通，不经意间远远掉在了兄弟城市后面；同为首批沿海开放城市的宁波，已领跑南通好些年。数据显示，尽管改革开放十余载让南通经济实力显著增强，却一直在以低于全省平均水平的轨迹运行。

震惊之后是反思。在市委、市政府领导的亲自关心、指导下，1992 年 3 月 24 日，《南通日报》头版以《南通，你的优势在哪里？》，刊登了市统计局的一份关于南通发展先快后慢的分析报告，并配发《关键在于进一步解放思想》的评论员文章，一场以“南通的潜力在哪里”为主题的思想解放大讨论在江海大地掀起。

持续四个多月的大讨论，在全市上下激发出进一步改革开放和加快发展的强烈责任感和满腔热情。南通人开始在更高层次上审视所拥有的资源禀赋，将得天独厚的地理位置和丰富的江海资源，视为南通经济发展的最大优势。发展战略渐次清晰、政策措施相继出台，掀起了南通快速发展的又一个浪潮。

这次思想解放大讨论，影响还波及全省。《新华日报》报道此事的《大江隔断了什么——南通人在自我反思中奋起》一文，时任江苏省委主要领导第一时间批示“点赞”。一时间，大江南北反响强烈，特别是全省江北的广大干部都在思考，如何冲破思想观念上的“长江天堑”，解放思想，抓住机遇，加快发展。

今天的南通，早已“数桥飞架南北，天堑变通途”。苏通长江大桥通车已整整 10 年。在其下游，崇启大桥长虹卧波；在其上游，沪通大桥的两条巨臂，正在向江中相向生长，握手在即。

有形的天堑跨越之后，南通人跨越思想天堑的脚步，从未停止。

塑城市之魂

漫步濠南路，冬日暖阳中，濠河波光粼粼，百年博物苑内依旧草木葱茏。

全长 700 多米的濠南路，本世纪初却是另外一番模样——临街有 40 余家店铺，拥堵混乱、饱受诟病，中国公共博物馆事业发祥地——南通博物

苑被遮得严严实实，成了一颗蒙尘的明珠。

改造一条路，激活一座城。就是从濠南路开始，南通城迈开了新一轮扮靓的脚步，南通人则看到了能做事情、做成事情的希望。而因濠南路改造重现芳容的南通博物苑，更带来了一个激发南通人自豪感、自信心的重大机遇。

2002 年夏天，两院院士、规划建筑大师吴良镛应邀南下，主持南通博物苑总平规划和新展馆设计事宜。眼前依稀可辨的近代南通城的印迹，触动了这位业已八十高龄的老人的心弦。随后，他钩沉史料，小心求证，大胆而审慎地提出南通是“中国近代第一城”的命题。

历史记载着城市的历程，沿着它，可以寻见城市的图腾。吴良镛先生的这一学术发现，甫一抛出便引起南通市委主要领导的高度关注——其时，寻找重新振作南通人精神状态的突破口，是摆在南通决策层面前的一个现实课题。

以“中国近代第一城”品牌凝聚人心，并将之引导到聚精会神、一心一意谋发展上来。看似一次普通的学术活动和城市推介，演变成一场润物无声、影响深远的深刻主题教育。传承先贤伟业、再创名城辉煌，南通人再度唤起干事创业的激情。与之相伴，从“‘双超’以后怎么办”，到“五年后我心目中的南通”等对城市命运和前途的思考，从“铁军”精神、“志愿者”精神的传承和光大，到“创建”精神、“抗非”精神的铸就与弘扬……南通不断以思想上的大跨越，为经济社会发展的大跨越提供强大动力。

就在南通人重拾发展信心的同时，南通市委市政府目光深远地看到，在城市成为区域竞争的主体之后，一个城市的精气神，越来越与这个城市发展的快与慢、好与差密切相连。一场新时期南通城市精神的大讨论，于2005 年正式登场，其规模之大、参与面之广、影响力之深，史上空前。大讨论后提炼形成的“包容会通、敢为人先”新时期南通精神，如今已被熔铸为南通人共同的价值取向。历时八个多月的大讨论，成了南通人形成共识、统一思想的过程，成了南通人集中民智、凝聚民心的过程，成了上下同心、推动名城复兴的一次思想总动员。

城市的发展和人的发展一样，虽然漫长，但紧要处只有几步。抓住我国深度融入全球经济的机遇，推动利用外资“撑竿跳”，建设民营经济第一大市，深入推进江海联动、陆海统筹，经济重返全省第一方阵、所有县（市）跻身全国百强……南通从江河时代迈入江海时代，收获着一个又一个精彩。

写时代新篇

一个国家、一个民族的振兴，必须在历史前进的逻辑中前进，在时代发展的潮流中发展。一个区域、一个城市的崛起，同样如此。

40 年奋楫争先，南通经济总量跻身全国大中城市 20 强、居地级市第 6 位，特别是近三年来，新一届市委市政府坚持把产业、城市和交通转型升级作为工作的着力点，破解了或者正在破解一批长期想解决而未能解决的难题、办成了或者正在办成一批多年想办而未能办成的大事，为进一步追赶超越夯实了基础、积蓄了势能。

40 年击楫中流，南通迎来发展的强劲“风口”，承载着国家和省委省政府新的期待与重托。2018 年 11 月 29 日，国务院总理李克强在南通走企业、访民情、问发展，对南通未来寄予殷切期望，勉励通州湾要建设成为长江经济带战略支点。2018 年 5 月初，省委书记娄勤俭在通调研时，希望我市在国家战略中抓住机遇、放大优势，当好“一个龙头、三个先锋”。

把总理的勉励和期望铭记于心，对标省委省政府赋予的新定位、新使命，南通正在全省、全国发展大局的坐标上，圈点和勾勒追赶超越、争当先锋、推动高质量发展的宏伟蓝图。

市委市政府首先谋划的，仍是进一步解放思想。2018 年 4 月初，我市在全省设区市中先行一步，启动新一轮解放思想大讨论活动。市委书记陆志鹏强调："新时代实现追赶超越，必须坚定不移推动解放思想再出发，针对影响追赶超越的机遇疲劳、优势疲劳和路径依赖等思想障碍。"

以习近平新时代中国特色社会主义思想为新一轮解放思想的根本遵循，在发展理念上实现新提升，在发展格局上谋求新突破，在发展举措上彰显新作为，在发展氛围上展现新气象。南通的奋斗目标已然明确：到2020年，地区生产总值突破1万亿元，建成国家创新型城市，宜居宜业富有魅力花园城市展现出现实模样。南通的战略路径已经清晰：布局空铁、江海联运港口、互联网三大枢纽，发展枢纽经济、打造经济枢纽，建设名副其实的长三角北翼经济中心。南通的工作举措坚定不移：抓项目促发展，突出战略性、引领性、关键性和支撑性，梳理推进20个重大"先锋项目"……

时至年末，2018年即将收官，改革开放新征程已然开启。12月13日，市委市政府召开"集中调研月"成果交流会，进一步优化发展思路、明确工作重点，提出在前三年工作基础上，今后一个时期要着力提升产业发展能级、城市服务能级、交通枢纽能级，同时研究放大通州湾内涵、功能等，举全市之力，把通州湾建成长江经济带战略支点。

方向对了，路再远，也会越走越宽。同样，对的事情，坚持去做，久久为功，一定会成功。我们坚信，高举思想解放的大旗，在追赶超越、争当先锋、推动高质量发展的征程上，南通一定能创造出一个又一个奇迹，谱写好中国梦的南通篇章！

庆祝改革开放40年发展述评②

动力澎湃

文/汤晓峰

乘着改革开放的东风，40 年来，南通敢为人先、踏浪弄潮，坚持以扩大开放促进深化改革、以深化改革促进扩大开放，改革开放的“双引擎”动力澎湃。

成如容易却艰辛

一个时代有一个时代的问题，一代人有一代人的使命。

回望改革开放 40 年，从农村到城市，从试点到推广，从经济体制改革重点突破到全面深化改革，南通广大干部群众用双手书写了将改革不断推向纵深的壮丽篇章。

如果以每 10 年为一个阶段进行研析，我们发现，改革之路并不平坦，开放的征程充满挑战。改革开放初期，南通率先试验、敢于创新、抓住机遇，创造先发优势；社会主义市场机制探索时期，改革开放起伏跌宕，经济发展潮涨潮落；进入桥港时代，南通全面推进经济、政治、文化、社会各个领域、多个层面的改革，多项改革迈出了新的步伐；党的十八大以来，南通积极贯彻落实中央和省委改革部署，承担了多项国家和省级改革试点任务，不断提供南通经验。

抓改革，必须坚持问题导向。哪里矛盾和问题突出，就重点抓哪里的改革。

党的十一届三中全会后，我市得风气之先，积极探索联产承包责任制，以农村改革的率先突破带动各个领域改革的全面推进。经济体制改革全面推进，重点是搞活企业、培育市场体系、转变政府职能。

邓小平同志发表南方谈话后，我市掀起了思想解放的高潮，较早明确提出以股份制改革为突破口，推动产权制度改革的企业改革新思路。与此同时，市场体系建设发展迅速，涌现了一批在全国、全省有影响、有特色的专业市场。新的社会保障制度开始建立，社会保险覆盖面不断扩大。农村改革朝着农业产业化、乡村城镇化、乡镇工业现代化的方向发展。

党的十六大召开后，我市率先在全省突破国有、集体企业改革，基本完成国有经济布局战略性调整，资本市场“南通板块”开始兴起；事业单位改革有序实施，创新社会治理体制，南通社会矛盾大调解机制受到中央领导和省委的充分肯定；多项社会保障制度改革方案相继出台，社会保障体系逐步健全。

十八届三中全会，吹响了新一轮深化改革号角，南通承担多项国家及省级改革试点——被省政府确定为教育现代化市级示范区建设单位；经国土资源部正式批复同意，成为开展陆海统筹发展试点市；成为国家级相对集中行政许可权试点市；经国家发改委同意，省政府批准设立江苏省通州湾江海联动开发示范区，通州湾开发建设正式上升到国家和省战略层面；海门叠石桥国际家纺城开始市场贸易采购方式试点……

自强不息、自我革新，逢山开路、遇水架桥，经历艰难曲折，迎来春华秋实。

蹄疾步稳“组合拳”

坚持改革的系统性、整体性、协同性，这是全面深化改革的内在要求，也是推进改革的重要方法。近年来，我市打出一系列改革“组合拳”，一大批重要改革压茬推进，形成一批可复制可推广的经验。

推进陆海统筹发展改革，探索可持续发展新路。

市委、市政府积极响应党的十八大提出的建设海洋强国战略，适时提出发挥江海联动开发开放优势，开展陆海统筹发展综合配套改革的设想。2015 年 12 月 8 日，国家发改委批复同意南通开展陆海统筹发展综合改革试点，为我市提供了发展的重要载体、改革的重大平台。

陆海统筹发展改革以综合改革为着力点，在制度探索、先行先试上求突破，整合陆海资源要素、优化陆海产业布局、促进江海港口一体化发展、改善陆海生态环境，努力把南通建设成为我国海洋经济发展体制机制创新区和沿海转型发展先导区、城乡发展一体化先行区、生态文明建设示范区。

陆海统筹发展改革推进以来，国家海洋局将我市列为全国唯一的“国家海域综合管理试点市”，通州湾江海联动开发示范区获准设立……陆海统筹发展改革探索了破解陆海二元经济结构难题，促进了陆域经济和海洋经济良性互动，为发展赢得了广阔空间。

擦亮“放管服”改革品牌，优化营商环境。

“放管服”改革是一场刀刃向内的自我革命，是重塑政府和市场关系、激发市场活力和社会创造力的当头炮、先手棋。

2018 年 11 月 2 日，市政务服务 APP “南通百通”正式上线，推出 10 大板块 500 多项功能，可在线查询 1400 余项政务服务指南、在线办理 295 项审批服务事项，政务服务从“集中办、网上办”进入到“掌上办”的新阶段。

2015 年 8 月 20 日，全国首家经国务院同意、省政府批复设立的地级市行政审批局在南通挂牌。以此为标志，我市在全国率先启动国家级相对集中行政许可权改革。此后，市委、市政府每年明确一个方向，先后形成“一

枚印章管审批”“一支队伍管执法”等有影响的改革品牌。

着力开展“3550”改革。3天完成企业开办，5天领到不动产权证，50天取得建设项目施工许可证，“3550“改革，极大激发了市场活力和社会创造力。

2017年11月，我市在省内成立首家大数据管理局，先行先试推动“互联网+政务服务”改革，打造以“不见面审批、零缺陷服务、精准化监管”为核心的南通“放管服”改革升级版，实现“提速、增效、降本、惠民”目标。

当前，南通正对标省委省政府赋予的“一个龙头、三个先锋”新定位新使命，进一步改革优化营商环境，集聚更多先进生产要素，为不断增强经济发展内生动力、加快促进新旧动能转换提供源源不断的动力。

开放融通连“五洲”

当今世界，开放融通的潮流滚滚向前，世界已经成为你中有我、我中有你的地球村。江海交汇的独特地理条件赋予了南通与生俱来的开放基因。

突破保守和封闭，南通人在开放融通中搭建连通五洲的“舞台”。

历史永远不会忘记这些时刻——

1979年，南通第二棉纺织厂用补偿贸易方式从美国引进纺纱设备；1981年，南通兴办首家中外合资经营企业南通力王有限公司；1983年，巴拿马籍海轮“格陵兰”号抵达南通港，这是南通口岸正式开放后停靠的第一艘外轮……

更为令人难忘的时刻是1984年4月7日。这天早晨，中央人民广播电台播发了一条重要消息：中共中央、国务院决定，包含南通在内的14个沿海港口城市进一步对外开放。听闻消息，南通广大干部群众欢呼雀跃，奔走相告；市委市政府领导更是激动万分，因为他们清楚，南通能够赶上改革开放的头班车来之不易，前途可期。

同年12月，南通国家级经济技术开发区获批建立。从长江边富民港的一片芦苇荡出发，一代代开发区人发扬“拓荒牛”精神，风雨兼程、团结拼搏，把荒滩和农田改造成园区、新城，引来一家家跨国公司落户、成长。2017年，南通开发区完成地区生产总值540亿元，人均GDP达4.2万美元，已超过中等发达国家水平。

2009年5月26日，苏通科技产业园奠基。十年弹指一挥间，一个全面引进新加坡先进理念，充分借鉴苏州工业园区成功经验的“江海生态城、国际创新园”已然在苏通大桥北桥头堡崛起。

2013年1月3日，南通综合保税区经国务院正式批准设立，南通综保区以保税加工、保税物流、口岸作业、保税服务等业务为主体，学习和复制上海自贸区经验，点燃了服务全市开放型经济发展的新引擎。

2015年3月，国家发改委复函江苏省政府批准同意设立“通州湾江海联动开发示范区”、通州湾开发上升到国家战略层面。前不久，国务院总理李克强来南通考察时，对通州湾开发建设寄予厚望。当前，市委市政府正按照李克强总理来通考察时的重要指示精神，谋划放大通州湾的内涵和功能，举全市之力开发建设通州湾，奋力建设长江经济带战略支点。

沐风栉雨、砥砺前行。目前，我市已拥有6个国家级开放平台、13个省级开发区、5个一类开放口岸和一批跨国合作、南北挂钩、跨江合作的园区，逐步形成由经济开发区、高新区、海关特殊监管区、沿江沿海特色园区组成的多层次、多形态的发展格局，呈现出功能提升、转型加快、融合发展的良好态势。

开发园区以全市5.6%的面积，实现了全市60%以上的一般公共预算收入、70%以上的进出口总额、80%以上的到账外资，有力支撑带动了南通经济社会由高速增长向高质量发展转型。

引进来与走出去

经济要发展，就要敢于到世界市场的汪洋大海中去游泳。

开放之初，很多现在看来顺其自然、理所当然的事，在当时却存在重重“禁区”，需要破除种种“框框”。江苏首家中外合资企业南通力王有限公司筹建时，外方提出要与国际接轨，土地采取租用的办法，劳动力要自由雇用。这样做就是把土地和劳动力变成商品，这在当时看来是“背离社会主义”的。经过不断解放思想、形成共识，思想上的障碍终于破除了，筹建工作顺利实施。

更多的障碍来自区位条件。当时南通有江无桥、有海无港，基础设施落后，引进外资工作很长一段时间内起色不大。

2003年，站在新的历史起点上，市委、市政府顺应国际产业资本新一轮转移的大潮，紧紧抓住苏通大桥开工建设的契机，提出了“学习南京‘撑竿跳’经验、向国际资本要生产力”的号召，不断营造鼓励、升温、聚集、加压的氛围，全市连续五年实现了利用外资“撑竿跳”。

2016年以来，新一届市委、市政府主动适应经济全球化新趋势，以更宽的视野、更高的站位，审视面临的战略机遇、拥有的比较优势、具备的基础条件，以项目建设为龙头，更高水平“引进来”，进一步拓展开放空间、丰富开放内涵、放大开放优势。

2018年3月9日，一场特殊的招商引资培训会在市行政中心报告厅举行。

台下是来自全市各地招商一线的骨干，台上作招商工作策略讲座的是市委书记陆志鹏。以市委、市政府名义举办招商引资专题培训会并由市委主要领导授课，在我市还是首次，在全市形成了各级党政主要负责人抓招商，要从队伍抓起、从项目抓起的鲜明导向。

截至2017年，我市已吸引了来自超过120个国家和地区的外国投资者，累计批准设立外商投资企业 10586 家，实际利用外资 327 亿美元；其中，总投资超 3000 万美元的企业达到 566 家。

“三军”闯天下，“通商”通天下。在全国乃至全球舞台上，南通有三支“大军”声名斐然——“娘子军”打响纺织品牌，“铁军”打响建筑品牌，“海军”打响船舶海工品牌。

上世纪 80 年代，南通“走出去”从劳务输出悄然起步，到 90 年代挺进国际工程承包领域，再至新世纪以来，以资本输出为主的境外投资如火如荼。近年来，积极参与“一带一路”建设，加快推进国际产能合作。通富微电收购美国 AMD 马来西亚超威半导体工厂股权，获取世界先进封装技术；双马化工在印尼东加里曼丹岛投资建设 10 万公顷农工贸合作区，获批江苏首家省级境外产业集聚区……我市企业“走出去”投资领域从纺织、服装、轻工等传统行业，向新能源、船舶装备等新兴行业领域拓展，并开始涉足境外资源和房地产开发等领域。

我市对外贸易发展质态不断提升，结构效益持续优化。1988 年，我市进出口额首超 1 亿美元；到 2017 年，全市进出口总值达到 2360.2 亿元，总量全省第 4。船舶海工、服装、家纺、化工、集装箱、光伏等六大出口主导产业出口额占全市出口总额近 60%。全市贸易伙伴达 206 个国家和地区。

南通对外开放的发展历程证明，凡是开放搞得好的时候发展就快，开放是南通发展的优势所在。坚定不移扩大开放，是南通的历史选择、现实选择、战略选择。在习近平新时代中国特色社会主义思想指引下，沿着改革开放这条创造历史的道路不断奋进，南通必然迎来更加美好的明天！

庆祝改革开放40年发展述评③

产业蝶变

文 / 刘璐

国非富不强，富非实业不张。如果说，发展是第一要务，那产业则是经济发展的第一阵地。无论身处哪个时代，产业转型升级是城市发展永恒不变的话题。

改革开放以来，南通全面推进经济结构调整，牢牢抓住江海联动开发、国际产业转移和长三角一体化等机遇，通过科技创新、项目建设、企业培育等一系列举措，调整、优化产业结构，在经济长河的关键节点上赢得先发优势。

从追量到谋变到求质，产业蝶变升级，成为推动高质量发展的重要支撑。

明星城市名响全国

改革开放初期，南通抓住机遇，率先试验、敢于创新，大力发展关系国计民生的电子轻纺产业，搞活企业、培育市场体系成果显著，经济效益名列全国工业城市之首，成为改革开放初期中国工业明星城市。

1984 年初，10 家市属工业企业被确定为改革“试验田”，扩大企业自主权，实行厂长（经理）负责制；紧接着，国务院批准南通市为我国首批对外开放 14 个沿海城市之一，批准在南通建立国家级经济技术开发区，大大拓展了经济发展的空间。

短缺经济时代，全国日用消费品需求大幅增长，南通瞄准市场需求，轻工工业成为经济主导。1978 年轻重工业比例为 67.1：32.9，传统的纺织、服装及食品加工业在工业经济总量中占比 49.8%。同时，从农村解放出来的大批劳动力转向工业生产，集体、个体以及私营企业如雨后春笋拔地而起，乡镇工业焕发生机。1983 年，乡镇集体企业的工业总产值 17 亿元，首次超过农业产值。

在奠定产业基础取得先发优势的基础上，南通将搞活企业、培育市场体系作为调整产业结构的重点。1987 年，市区 158 家预算内国有工业企业及多数集体企业落实了承包经营责任制，200 多家小型工业企业采取招标、投标等形式，实行国家所有、集体承包和租赁经营，小型商业企业普遍引入竞争机制，实行租赁经营。一批企业经过挖潜、革新、改造，生产能力大大提高，南通的工业生产出现了历史上从未有过的好势头。

改革开放的洪流以排山倒海之势，冲破了僵化思想的束缚和旧有体制的障碍。在轻纺产业带动下，20 世纪 80 年代的南通经济发展飞速：市区工业经济效益在全国 220 个城市中名列前茅，南通成为当时中国经济发展最好最快的苏锡常通“苏南模式”的重要成员。

轻纺之城华丽转身

上世纪 90 年代初，邓小平同志发表南方谈话后，南通明确产业发展方向：抓住世界制造业向我国东部转移之机遇，大力发展装备制造业，建设上海北翼经济中心，实现由轻纺城市向我国重要装备制造业基地的转型发展，不断激发工业经济活力。

进入新世纪，南通提出接轨上海、服务上海、实施沪苏通一体化发展战略，这对全市产业结构带来了极为深刻的影响，大大提升了南通产业集聚力和辐射力。随着醋纤二期、申华化学、中远川崎、富士通电子为代表的一

批工业项目相继建成投产，南通工业主导产业逐步由传统轻纺产业转向以船舶、机械、电子为代表的现代装备制造业和新兴产业，以纺织、服装、机械、电子、食品、化工为支柱产业，医药、化工、建材、船舶、冶金、电力等产业相互配套的工业体系开始建立，为工业经济发展壮大提供了强大后劲。

在实施“依托江海，崛起苏中，融入苏南，接轨上海，走向世界”战略布局中，南通坚持“以工兴市”方略，2004 年重工业比重超过轻工业，工业经济实现由轻变重、由低到高的转变。

随着苏通长江大桥、洋口港、吕四港等建设取得重要进展，南通告别“有江无大桥、有海无深水港”的历史，大步迈进桥港经济新时代，全市产业转型升级步伐也随之加快：做精做优传统纺织轻工产业，改造提升电子化工优势产业，加速发展海工与新能源、新材料等战略新兴产业，纺织服装、轻工食品、化工医药、电子信息、新能源装备制造、海工船舶重装备六大支柱产业板块初步形成，南通成为我国电子生产基地与新兴的机械工业基地、船舶工业基地、精细化工基地和新材料基地。

2002—2008 年，南通经济年递增率 14%—15%，全市 6 县(市、区)都进入全国百强县。2009 年，南通以市为单位达到当时的省定小康水平指标。十年持续跨越发展，华丽转身的南通经济重返全省第一方阵。

历史告诉我们，实现从崛起苏中到融入苏南，进而挺进长三角核心圈的城市振兴，必须坚持优化产业结构的跨越发展之路。

新兴产业强势崛起

随着体量基数的提升，人力、自然等要素发生变化，增度换挡、结构调整、政策消化三期叠加，我市经济发展从 2010 年开始步入新常态，全市工业经济增速趋缓。如何在经济新常态下走好新型工业化道路，是南通面临的考题。

唯改革者进，唯创新者强，唯改革创新者胜。围绕打造长三角北翼先进制造业基地，我市抢抓改革开放新机遇，相继出台《关于强化产业链培育打造先进制造业基地的意见》等政策，把推动产业转型升级作为主攻方向，把提升企业新能力作为核心支撑，强化创新资源、平台载体、政策环境等关键保障，形成了 2 个国家级（船舶与海洋工程、家纺）、4 个省级新型工业化产业示范基地和 33 个市级特色产业基地。

2014 年，我市纺织服装、轻工食品、电子信息、化工医药、船舶及重装备和能源及装备六大主导产业总产值达 11076 亿元，增长 11.6%；海洋工程、新能源、新材料、智能装备、生物医药、节能环保六大制造业新兴产业实现产值 4180 亿元，增长 20%。数据表明，六大主导产业板块正逐步向现代纺织、绿色化工、智能装备、精密机械、海洋工程等新领域加速转型；新兴产业发展氛围持续增强，发展步伐不断加快，“十二五”以来产值年均增长率达 28%。

科技创新是产业转型的不竭源泉。中天科技从电缆线缆向光纤、预制棒转型，更涉足光伏、新型锂电池生产和储能系统研发领域，跻身国家级企业技术中心；综艺集团从纺织行业不断向电子信息、软件、光伏以及股权投资领域拓展；神马电力获得国家科技进步特等奖；中远船务全面进军海洋工程装备制造领域，自行设计并成功建造了世界最先进的首座圆筒型超深水海洋钻探储油平台等一大批高端海工产品，成为中国海洋工程装备制造业的领军者……企业创新主体地位增强、自主创新能力提升，助推产业结构向中高端迈进，有力支撑新型工业化发展道路顺利前行。南通高新技术产业产值由 2011 年的 3200 亿元增至 2014 年的 5501 亿元，呈现“总量迅速增长、占比不断提高、占全省份额不断提升”的良好态势。

主导产业加快转型、新兴产业强势崛起，成为南通新常态下经济稳步健康发展的真实写照。

“3+3+N”体系加快构建

迈过“数量追赶期”、走向“质量提升期”的南通，转型发展步履更加稳健。

2016年，南通市委、市政府提出：重点发展高端纺织、船舶海工、电子信息三大重点支柱产业，着力培育智能装备、新材料、新能源及新能源汽车三大重点新兴产业，加快构建“3+3+N”先进制造业体系。这让我们看到南通正从新的产业转型路径再出发：着力推动“3+3+N”先进制造业做大做强，促进先进制造业与现代服务业协调发展。

智能制造、能源工程、锂动力电池……2018年10月25日，一个个新建、续建重大产业项目亮相全市项目建设现场观摩活动，再次推高了各县（市）区比拼项目的热度。聚焦“3+3”重点产业集群，我市牢牢扭住项目建设的“牛鼻子”，持续扩大有效投资，做大做强先进制造业，加快产业转型升级。

2016年至2018年三季度末，全市共新开工亿元以上工业项目1659个，项目计划总投资3190亿元，平均单体规模1.9亿元。总投资450亿元的金光纸业、200亿元的招商局重工豪华邮轮项目已经落户；180亿元的阿里江苏云计算中心、150亿元的恒科新材料二期等一批重特大项目正在建设；中天钢铁投资超千亿元的千万吨级精品钢生产基地落定通州湾，即将建设。2018年前三季度，全市开工亿元以上项目594个，完成投资493亿元。

一个个重大项目背后，是南通地标产业集群的耀然崛起：船舶和海工占全国市场的份额分别达1/10、1/3；集成电路封装测试龙头企业水平位居世界一流、国内第一，产能跃居全球第6位；六大产业产值占比超60%，2018年有望突破1万亿元。

2018年11月15日，南通新一代信息技术博览会开幕，向数百名专家学者和业界精英发出诚挚邀请 :“将设立 100 亿元新一代信息技术产业专项资金,采取股权投资等多种方式,全力支持细分领域的领军企业、高精尖项目落户南通。”

推动主导产业勇攀高峰的同时,南通不忘抢占新兴产业“风口”,抢先布局“未来产业”:出台《新一代信息技术产业发展行动计划》,推动新一代信息技术与其他产业、与城市和社会、与人才和资本深度融合。

在南通新城区东部一片 17 平方公里的土地上,中央创新区建设正如火如荼,分别有科创中心、医学中心、文化中心、会展中心……这里将成为南通创新体系的核心、长三角北翼的创新高地。当下,南通积极布局以中央创新区为核心的“一核两区六基地”,招引阿里、华为、中兴、浪潮、大唐等一批知名企业落户,力争到 2025 年,成为我国重要的新一代信息技术创新中心、全球领先的新一代信息技术科技创新和人才培养基地,培育 1000 家亿元级、100 家十亿级、10 家百亿级新一代信息技术产业相关企业,带动相关产业规模突破 5000 亿元,吸纳就业 40 万人。目前,全市已形成通信产品、集成电路封测、电子元件、电子器件四大主导板块,到 2018 年底,预计相关产业产值将达 2300 亿元。

每一次产业变革,犹如一个个强劲的音符,汇成了南通波澜壮阔的产业蝶变乐章。对于今后的产业谋划蓝图,南通目标明确 :到 2020 年,规模以上工业总产值超过 1.7 万亿元,全社会研发投入占 GDP 比重接近 3%,高新技术企业数突破 1500 家。

在不断构建、完善“3+3+N”先进制造业体系的道路上,南通必将砥砺前行,行稳致远。

通达天下

文 / 赵彤

早在公元 958 年，建城之初的南通就有一个响亮的名字——通州。一个“通”字，寄寓了南通先民希望这里成为上达齐楚、下抵吴越通道的宏大愿望。然而，在相当长的历史时期内，这只能是一个美好的向往而已。

改革开放之后，尤其是近 20 年来，南通人以“包容会通、敢为人先”的豪情和“横扫千军如卷席”的气势，在交通基础设施建设方面取得了历史性突破。

筚路蓝缕，苦寻突破之道

多年前，本报记者赴宁采访南通市委原书记吴镕时，这位曾于 1988 年 6 月至 1991 年底主政南通的老领导告诉我们，“汽车跳，平潮到”是当时人们对南通交通不堪状况的最形象概括。那时候，他去省里开个会，路上要花七八个小时。最早一批登陆南通的日资企业负责人也经常向他抱怨，从东京到上海只要两个多小时，从上海到南通却至少要五个小时。

由于交通基础设施的落后，地处海之头、江之尾，坐拥滨江临海、三水交汇区位优势的南通，大多数时候只能望“江”而叹——长江天堑阻断了它前进的步伐。因为面临着“南不通”的尴尬，南通与国际大都市上海虽近在咫尺却如远隔天涯，和曾经处于同一起跑线上的苏南经济差距也越拉越大。

多少遗憾与无奈，多少期盼与憧憬！改变南通“南不通”，伴随着改革开放的进程，一代代南通人孜孜以求。

1986 年，通沙汽渡开通，南通第一次打开了客货汽车过江通道。此后数年间，通常、海太、崇海、皋张汽渡陆续投入营运——南通“南不通”的困境由此得到了一定程度的缓解。

但是，汽渡仍然解决不了当时南通人最迫切需要解决的问题——在最短时间内抵达上海。于是，市交通部门花重金从挪威和澳大利亚购进了“紫琅”号和“通州”号高速客轮，将南通与上海之间的通达时间缩短到了三个小时。

然而，每当长江上风力过强，或是大雾弥漫时，长长的候渡车辆只能滞留岸边，高速客轮也只能停开。

一个典型的事例是：1993 年 8 月的一天，日本东丽株式会社社长前田胜之应邀来通访问，恰逢大雾锁江，竟被困在通常汽渡南岸三四个小时。回忆起这段往事，时任南通市市长徐燕说：“东丽是南通第一个上亿美元的外资项目，当时在渡口等待时，非常担心这场大雾会给客人留下不好印象，所幸最终我们的诚意还是打动了投资者。”

事实上，在着力打造“南下”通道的同时，南通还在寻求“北上”“西去”的出路。

1993 年元旦，南通兴东机场实现首航。作为江苏最早通航的民用机场，当时虽然仅仅只是开通了至北京的航班，但已经足以让南通人感到自豪。一位当年参加机场建设的老同志说，南通机场的开通不仅打开了南通至北京的空中通道，更展现了南通作为一座开放城市的形象。

1996 年，宁通高速（现名“沪陕高速”）全线建成通车，它结束了南通没有高速公路的历史，将南通与南京之间的车程缩短到了两个半小时左右，大大方便了南通与省城之间人员、货物的往来。同时，这条高速公路的开通，也使南通与扬州、泰州这另两座苏中城市之间的联系变得更加紧密。

2005 年 7 月 1 日，南通人的“火车梦”实现了。当天下午，南通至南京旅客列车开通，至此，江海大地“腹”无寸铁的历史宣告结束，南通人出

行又多了一个新的选择。2007 年 4 月 28 日，南通同时开通至北京、重庆、太原、温州和衢州五个方向的旅客列车，这标志着经过多年努力南通铁路实现了从“线”到“网”的飞跃。

铁路建设步伐随即进入了一个新的时期。2014 年 1 月，海安至洋口港铁路通车，迈出了南通铁路通江达海的第一步 ;2016 年 5 月，至南京、汉口、重庆动车开通，南通迈入“动车时代”。 到目前为止，我市铁路已建成正线通车里程 220 公里，始发列车 13 对，沿途经过 18 个省（市）的 100 多个站点。

近日，宁启铁路南通至启东段（宁启铁路二期）已进入试车阶段，南通铁路“东进”的序幕即将拉开，这对于我市实施沿海开发战略，打造“长三角”北翼交通枢纽具有重大意义。

一桥飞架，天堑终变通途

纵观改革开放 40 年来南通的交通巨变，苏通长江大桥的建成通车，是最具划时代意义的大事。

2003 年 6 月 27 日开工、2008 年 6 月 30 日实现通车的苏通大桥全长 32.4 公里，其中，跨江部分长 8.1 公里。大桥北连沿海高速、宁通高速和通启高速，南连苏嘉杭高速和沿江高速。作为“世界第一斜拉大桥”，苏通大桥创造了人类桥梁建设史上的四项纪录——在中华民族走向伟大复兴的时刻，它是中国人递出的一张令整个世界都为之震撼的“名片”。

从遥远的唐古拉山出发，滚滚长江一路高歌，穿越关山万里、重重叠嶂，在南通奔腾入海。长江以它博大的胸怀，孕育出了让南通人祖祖辈辈生生不息的江海平原，却也冲击出一片宽阔的江面给南通人留下了一道难以逾越的天堑。

是横空出世的苏通大桥为长江天堑安上了跳板，它一头搭在上海、苏南巨人的肩头，一头搁在江北“中国近代第一城”的城头。以苏通大桥的通车为标志，南通彻底甩掉了“交通末梢”的帽子，开启了建设“下通江海上通天”枢纽城市的进程。

一桥飞架南北，牵引着包括南通在内的苏中、苏北融入苏南，接轨上海，苏通大桥以其恢弘的气势为长三角核心板块的聚合构筑起了一条和谐的走廊，长三角吸纳凝聚和召唤辐射的能力由此增强，长三角纵横捭阖的新的发展大势由此开启。

天堑已变通途，中国东部沿海如明珠般的座座城市从此贯穿、相连——苏通大桥的通车为长三角乃至中国的经济格局带来了翻天覆地的变化。长三角地区由此成为中国新一轮发展中具有带动势能的旗舰，而处于长三角桥头堡和太平洋西岸黄金走廊交汇点上的南通则更是可以大展宏图。

2011 年 12 月，在苏通大桥通车不到四年时，在它下游不足百公里处，崇启大桥亦告建成。崇启大桥的建成实现了江苏与上海陆路通道的首次联通，它不仅为我市沿海大开发和长三角一体化战略的实施注入了新的活力，而且打开了上海的“北大门”，使国家高速路网中上海至西安这条公路大动脉彻底贯通，从而为上海建设国际航运中心提供了重要支撑——这条贯穿我国东部沿海经济最发达地区的跨江通道，将改变整个长三角区域发展的格局。

2014 年 3 月 1 日，备受瞩目的沪通长江大桥正式开工，沪通铁路建设大幕拉开。

沪通铁路是一条连接上海与南通的高速铁路。作为我国规划的“八纵八横”高速铁路主要通道——沿海通道的重要组成部分，它的建成将实现我国沿海铁路大通道的全面贯通，极大地缩短上海与南通及以北地区的时空距离。这对于江苏沿江两岸产业联动发展，形成南北呼应，以及加强上海、苏南向南通和苏北乃至北部沿海地区的辐射功能，加快区域经济发展，促进江海交汇区域经济的融合具有重要意义。

近日的一个午后，当我们站在长江岸边，展现在眼前的是一溜蜿蜒向

南耸立在水面上的高大桥墩以及林立的塔吊，这座世界最大跨度公铁两用斜拉桥已雄姿初显。大桥建设指挥部指挥长孔文亚介绍，目前，大桥已全面进入上部结构的建设阶段。

这又将是一座在南通交通史、发展史上具有里程碑意义之桥。市交通局局长周建飞说，大桥计划 2020 年建成通车，将为南通建设以上海为龙头的长三角北翼经济中心提供实质性、强有力支撑，南通将由此实现与上海、苏南的铁路联网，从而全面融入上海一小时都市圈，南通人的跨江“通沪梦”、北上“互通梦”将成为现实。

枢纽南通，我们已在路上

根据“区域性综合交通枢纽、亚太地区重要国际门户和组成部分、‘长三角’北翼现代物流基地”的定位，近年来，“枢纽南通”建设正在迈开历史性的步伐。

“十二五”期间，我市公路总里程达到 18094 公里，累计完成投资 327.2 亿元。其中，高速公路里程达到 335 公里，通洋高速的通车标志着南通实现了“县县通高速”的目标，形成了“一环三射两通道”的高速网；二级以上高等级公路达到 3132 公里，形成“五横七纵”的干线骨架网；市、县间实现一级公路相连，85% 的乡镇节点通达一级公路，沿江九大港区、沿海三大港区实现了一级公路疏港。

在此基础上，近两年来，我市紧扣建设上海“北大门”的定位，继续强势促推交通重大项目建设：海启高速、锡通高速、九圩港船闸、通扬线航道整治、干线公路和农村公路建设等重大工程强力推进；市区段码头散货功能转移工程、通海港区码头工程、吕四港进港航道等进展顺利。

公路方面，从现在起至 2020 年，力争形成宁启高速、锡通高速、海启高速“三横”，沿海高速、通洋高速“两纵”和九华—平潮、机场高速“两联”的高速公路网，使南通连接上海、苏南的跨江通道和连接全国主要城市的通道更加快捷。市域内各种交通运输方式实现高效互联互通，构建起“外成环、内成网”的交通网络，形成公铁水空管多式联运的现代交通运输体系。

铁路方面，根据“高铁建枢纽、普铁成网络、客运通四方、货运联江海”的战略构想，除了加快沪通铁路、盐通高铁、宁启铁路二期和火车西站的建设外，还将力促通苏嘉城际铁路的开工建设，并加快京沪二通道、北沿江高铁、上海—南通跨江铁路通道，以及洋吕铁路及通州湾疏港铁路等项目的前期工作。

航空方面，已经走过了25年历程的南通机场，已获批国家一类开放口岸，更名为“南通兴东国际机场”。由当年的一条航线，目前已通达北京、广州、深圳、成都等国内30多个重点经济城市和旅游城市，开通大阪、曼谷、芽庄、台北等多条国际（地区）航线。2017年，旅客吞吐量突破200万人次，迈入全国主要机场行列。目前，机场新航站楼已进入内部装修阶段，2019年投入使用后可达到年旅客吞吐量500万人次的能力。

港口方面，作为一座已进入“江海时代”的现代化港口城市，目前，我市正在积极推进港口管理一体化、港口经营一体化和港口集疏运一体化，不断完善重点港区集疏运体系，有效增强港口多式联运功能，力促综合交通优势转化为物流优势；构建高效的江海河联运体系，着力完善海运直达、江海转运、内河集散三大运输体系，实现以水水中转为特色、集装箱和大宗物资为重点的运输服务一体化；提升港口物流服务功能，强化“区港联动”，从而将物流优势转化为产业优势。

庆祝改革开放40年发展述评⑤

大城崛起

文 / 蒋晓东

家住新城小区的老朱已经 70 多岁，每次去一趟南大街，总是说“回城里戏戏”，在老一辈人心里，南通城区就在“六桥”之内。

在市行政中心上班的小洪，每天从通沪高架半小时赶回南通经济开发区的家，在她心里，新城区再漂亮，也不见得比星湖 101 街区繁华。

而作为港闸区“5100”引进人才、老家山东的街道干部小郭，则把家安在北大街的万科金域蓝湾，出门往南走走就是夜色斑斓的通吕运河：“这里本就是‘城里’的模样啊！”

改革开放 40 年，南通这座由张謇百年前开启的“中国近代第一城”，实现了翻天覆地的巨变。这些巨变，让许许多多新老南通人时刻感受着、欣喜着。

以开放的视野审视城市坐标方位，以改革的决心引领城市建设，以精细的管理提升城市品质，花园城市，已然可期。

从“一城三镇”、沿江带状组团再到江海组团，大城格局渐次拉开

南大街、桃坞路、中南 CBD、星湖 101、北大街和五水商圈，40 年来，一座座商业地标拔地而起，从南到北，形成多“中心”的格局，有的充满活力，有的再度繁荣，有的蓄势待发、未来可期。

城市中心的变迁，映出 40 年城市发展的清晰年轮，与南通四次总规编

修后的城市布局吻合。

1978 年 3 月，国务院第 3 次城市工作会议释放中央关于“认真抓好城市规划工作”的精神，改革春风激活一池秋水。

1979 和 1987 年，南通相继开展第一、二轮城市总体规划编制。第三轮城市总体规划则在 1994 年编制完成，规划以沿江港口和产业为动力，由主城区、港闸区、开发区、江海港区四个城市组团，构成沿江带状组团城市形态。此次编修，无论从规划理念，还是从总体布局结构上，均较前两轮城市总规有重大突破，大城格局由此拉开。

随着苏通大桥、崇启大桥建成通车，南通与上海、苏南的对外交通发生重大变化，原通州市撤县设区，南通发展空间进一步扩大。在现版城市总规引领下，南通“靠江靠海靠上海”的区位优势逐步释放，带动了城市格局的深刻变化，由“一城三镇”逐步向沿江带状城市，再向“一主三副多点”的江海组团城市转变。

城之大，首在格局和规模。每一轮总规编修，也伴随着区划体制调整，对城市功能的重新定位和城市面貌的重新塑造有着深刻影响。

1984 年，南通经济技术开发区成立。34 年来，开发区从无到有、从小到大，常住人口由不到 5000 人发展至 25 万人，建成区面积约 70 平方公里，成为沿江带状组团的“南翼新城”，引导和推动南通城市格局向东南沿江发展。

1991 年，港闸区建区。27 年来，原来的郊区，已成长为特色鲜明的“北翼新城”，带动了南通城市向西部和北部地区延伸，“城市向北、生活向上”口口相传，地处南通西北的陈桥街道基本完成城市化，乡村的影子只能在万顷良田中找寻。

2002 年初，市委、市政府启动新城区建设，这也标志着南通主城区跳出“六桥”老城，展翅东南。2004 年，市行政中心南迁，南通大学新校区启动，南通体育会展中心开工，至 2010 年，新城区彻底告别阡陌麦田、瓦屋

农舍，取而代之的是高楼大厦、公园绿地和宽畅路网，成为了集行政、科研、金融、文化、商业、居住于一体的多功能的现代化城市中心区。

今天的南通，正处在一个新旧动能转换、多重机遇叠加的发展“风口”上。市委、市政府作出战略谋划：建设南通中央创新区，作为引领创新之都建设的“科创特区”。

在崇川区、通州区和开发区交界处一块沉寂多年的土地上，中央创新区铿锵落子。这是一块不可多得的“宝地”：与中央商务区直线距离仅 2 公里左右，可实现创新功能与生活功能“双眼互动”，共同提升新城区影响力和辐射力；又与五山和沿江地区一起，实现功能核与景观核“双核互动”，推动南通中心城市向功能与生态融合型转变。

“60 年前看人民路，30 年前看青年路，当下看中创区建设。”中国工程院院士、南通大学教授顾晓松从小在濠河边长大，对中创区建设给南通城市未来带来的变革，有着深刻的认知。

在中创区从规划蓝图变成现实模样的同时，南通也开启了国家级试点——第五轮城市总规编制工作。

多重战略机遇真正在南通落地，关键是新一轮总规编修找准未来 20 年影响城市发展的重大变量和条件。既要把原有蓝图实施好，建设好中创区、五山地区、濠河片区、地铁等重点城建工程，又要推动城市从外延型向内涵型、功能型向功能生态融合型、管理型向管理服务融合型转变，破解“江重海轻”“滨江城市不见江、临海城市不近海”的城市困局，形成规划层面指导未来发展的“施工图”。

城市的高度在增长、厚度在积淀，城市承载力不断提升

“水之积也不厚，则其负大舟也无力”。坚实的城市基础建设底子，事关南通未来。

从上世纪 90 年代开始，南通进入大规模城市建设阶段，尤其是在城市路网、住房建设、公用设施等基础建设阶段成绩显著。

市区道路经过大刀阔斧的规划新修和拓宽改造，打通“断头路”，交通功能进一步完善，通行条件更加便捷。从 2009 年开始，市区组织立体交通大会战，集中力量建设城市快速路网，“一环一轴八射”的格局奠定，建成快速路网总里程约 83.24 公里，位于全省第一方阵。

“10 分钟上快速路、20 分钟上高速、30 分钟通勤。”快速路拉开了南通城市发展骨架，串联城市组团与重要枢纽，促进城市空间结构优化。

快速路网的跨越式发展成为南通交通通畅的生动写照，城市轨道交通的规划建设则是南通交通重大变革的重要标志。2017 年年底，轨道交通 1 号线一期工程全面开工，南通开启地铁时代。2018 年 11 月，2 号线一期工程也如期开工。

建地铁就是建城市。城市轨道交通作为城市转型发展的重要抓手，对优化出行结构、提高公交分担率、改善交通出行环境具有重要作用，也是引导城市发展的重要载体，对城市空间的发展也具有极大的拉动效应。

城市住宅是一个城市文明发展程度的折射。40 年来，南通市区的住宅，从平房到楼房，从福利房到商品房，从一家几代人蜗居在不到 20 平方米的斗室，到现在人均住房面积达到 48.5 平方米，住宅越来越高，小区越来越美，配套也越来越完善。

住宅的高度在增长，“广庇天下寒士”的温度也在提升。2000 年，我市在全国率先改进了经济适用住房分配办法，从“补砖头”变“补人头”，货币化改革从“摸着石头过河”，过渡到“坐着船儿过河”。2010 年，外来务工人员纳入经济适用住房保障范围，“在江苏省乃至全国开创了农民工享受城市住房保障的先河”。2008 年起，我市把棚户区改造工作列入历年政府为民办实事项目大力推进。

城之大，在于城市功能的优化和公用配套的完善。

40 年前，南通市区自来水生产能力 7.5 万立方米 / 日，自来水管道总长 100 公里，路灯仅为 2255 盏。40 年后，公用事业惊艳“蜕变”，城市供水、供气、公交、污水处理、亮化等公用事业呈现出良性发展态势。

最新数据显示 :区域供水乡镇覆盖率达 100%，实现从供“合格水”向供“优质水”转变 ;全市污水总处理能力为 160.96 万吨 / 日，累计建成雨污水管网约 3777.83 公里 ;市区路灯 31.59 万盏，亮灯率超 99% ;2018 年完成供水 6.3 亿立方米，全年用气量 59200 万立方米。

40 年来，每一处公用设施的完善，都让人们的活动空间更大、幸福指数更高，体会到更多的成就感和获得感。

五山及沿江修复、濠河景区提升，“双修”提高城市颜值

南通城市建设跨越发展的同时，以“生态修复、城市修补”为核心内容的“城市双修”，成为城市建设发展的新课题。

2017 年 7 月，南通入选全国第三批试点，开启“城市双修”，补齐城市短板，提升人居环境，转变城市的发展模式。这与南通“三城同创”行动方案提出的“增绿、清水、畅通、便民”行动的内在本质要求高度契合。

“双修”启动后，南通就像一件艺术品，不断被精雕细凿，先后实施了五山及沿江生态修复、历史文化街区修缮等一批重点工程，通过沿江生态修复、打通城市微循环，改善居住品质等项目的实施，塑造出“山、水、城、林”交融的城市风貌。

2016 年以来，我市高质量推进“大地植绿”和“心中播绿”。三年创建，全市森林覆盖率超过 35%，城区绿化覆盖率约 43.3%，城市人均公园绿地面积 18.67 平方米。2018 年 10 月，南通喜获“国家森林城市”称号。绿色，已成为南通城市最厚重的底色。

自1978年以来，历届政府都把建设濠河作为加快城市生态环境建设的重要任务。经过近20年的精心整治，濠河及周边区域被打造成一个以濠河水域为载体，绿化丰富，城市历史文化内涵集聚的省级风景名胜区。

在以濠河为南通第一生态圈的基础上，南通倾力打造“两河两岸”（通吕运河、海港引河）第二生态圈生态绿廊。2014年起，因地制宜地实施沿河道路、慢行系统、滨河步道、绿化种植、亮化工程等。原来运河的“工业聚集带”逐渐转化为城市生活和商业的亲水岸线。

为了更好地保护好城市的“遗传密码”和“文化基因”，南通把地域、历史、文化等元素有机融入城市开发建设，以寺街和西南营历史文化街区保护为引领，推进寺街、西南营、港闸区复兴巷、渡口巷等的保护修缮。目前，唐闸古镇三年改造成果初现，汤家巷民俗故居修缮完成。

“双修”，画定了城市“绿色”和“蓝色”天际线，提高了城市颜值；“城管”，则以大攻坚和微治理双举措，保护人居环境。

为了改善人居环境，努力推进难点顽疾“大攻坚”，南通在全省率先编制完成生活垃圾分类和治理专项规划，同步编制完成建筑垃圾处理、餐厨废弃物处理等专项规划，总结形成了具有南通特色、符合南通实际的“3+5+X”分类模式和“5+1+X”推进机制。

面对群众对于生活环境的关注度和要求越来越高的问题，我市开展了城市“微治理”三年行动，重点突出沿路、沿河、沿社区等“三沿”区域的环境短板和民生服务问题，做到整一片、成一片、靓一片，努力使“污点”变“亮点”，把“盆景”变“风景”。

“独具海韵江风，坐拥古寺名刹，林水园城相依，宜居人家入画。”诗人笔下的南通曾以山水相依、江海融汇的小城风光旖旎迷人；如今，站在改革开放再出发的起点上，南通正以大城崛起的姿态，闪耀在新时代筑梦征程上。

庆祝改革开放40年发展述评⑥

三农巨变

文/施晔

四十年栉风沐雨，四十年筚路蓝缕。

某种意义上说，农村是中国改革的发源地。改革开放40年，中国农村发生的巨变，全世界绝无仅有。

南通同样如此。40年来，南通农业和农村发生了历史性变革，交出了满意答卷——农业变强、农民变富、农村变美，三农工作的高质量发展，为高水平全面建成小康社会奠定了坚实基础。

体制改革“破冰”，三农活力迸发

40年，改革开放的主旋律始终不变。

从1979年到1984年，第一阶段堪称“破冰之旅”，废除人民公社体制，确立以家庭联产承包经营为基础，统分结合的双层经营体制阶段。

1978年党的十一届三中全会之前，南通农村管理体制是“三级所有，队为基础”、政社合一的人民公社，以生产队为基本核算单位，农业经济以单一的种植业为主，辅之畜禽鱼等称之为副业的养殖业，而种植业又以纯粮纯棉为主。一些公社和生产大队开始兴办为农业生产服务的企业，谓之社队企业。由于实行统一管理、集中经营的体制，“出工一窝蜂，分配一拉平”，严重束缚了广大农民群众的生产积极性，农业农村发展滞缓。

党的十一届三中全会以后，全市农村实行联产到组的责任制。1982

年秋播到1983年春，全市全面推行家庭联产承包经营责任制，实行统分结合的双层经营体制。

这是一串闪光的数字：1983年上半年，全市52644个生产队，实行包干分配的51996个，占98.8%，联产到劳的42个，联产到组的322个，小段包工的284个。土地承包形式中，按劳承包的占36.7%，人劳结合的占54.1%，按人承包的占9.2%。

1983年下半年，贯彻中共中央、国务院《关于实行政社分开、建立乡政府的通知》，全市全面废除农村人民公社建制，并以其行政区为基础，建立了262个乡人民政府和31个镇人民政府。与此同时，取消生产大队，建立了4798个行政村和村民委员会。1984年，按中央统一部署，全市完成了延长土地承包期15年不变和发放土地使用证工作。广大农民的生产积极性像火山爆发一样喷射出来。

从1985年到1991年，进行农产品流通体制改革和农村结构调整，探索以市场化为取向的农村改革，这一深入破冰举措，为发展乡镇企业、全面繁荣农村经济奠定了基础。

我市涌现一批专业户、专业村，一大批专业户和重点户成为农副产品生产的生力军。积极调整农业产业结构，在稳定发展粮食生产、不断提高主粮自给率水平的前提下，大力发展经济作物和特种农产品种植，促进多种经营的发展，提高土地产出率和资源利用率。乡镇企业蓬勃发展，1991年产值达115.9亿元，占全市社会总产值的30.39%，并以工建农、补农。

全市绝大多数行政村都恢复了村经济合作社、农工商公司（实业公司）等村集体经济组织，承担原有村经济组织的管理和服务功能，同时大力发展专业合作经济组织，农村产业逐步从种植业向林牧副渔业拓展，从农业向工商建运服等农村经济的各个领域延伸。全市农村经济登上了新的台阶。

农村改革"攻坚"，城乡统筹发展

围绕建立社会主义市场经济体制的总体目标，深化农产品流通体制改革，特别是加入世贸组织后农产品市场全面放开，南通进入了从 1992 年到 2012 年的改革攻坚期。

具有南通特色的城郊型、外向型高效农业体系开始确立，满足以上海为中心的长江三角洲大中城市群消费需求的城郊型农业迅猛发展，面向国际市场的外向型农业扬帆起航。南通在全省率先推行乡镇企业产权制度改革，建立起充满活力的乡镇企业发展新机制。

在积极探索建立农村集体土地流转机制的同时，新一轮延长土地承包期 30 年不变、乡镇行政区划调整和小村撤并全面展开。2001 年，全市行政村从 2000 年的 4315 个合并为 1957 个，调减率为 54.6%。同时，实行以切实减轻农民负担为核心内容的农村税费改革，农民人均减负 82.22 元，减负率为 47%，其中合同内减负 41.76 元，减负率为 31%。

随着农业支持工业、农村支持城市，转变为工业反哺农业、城市支持农村，城乡统筹发展、全面建设小康社会成为新的奋斗目标。

全市认真贯彻落实中央历年一号文件，通过比较成熟的农业政策支持体系，加快形成构建统筹城乡发展的制度。南通把中央提出的"生产发展、生活宽裕、乡风文明、村容整洁、管理民主"的要求与本地实际相结合，创造性提出以"民富、村美、风气好"为目标推进社会主义新农村建设。

南通高效农业长足发展，社会主义新农村建设取得了令人瞩目的显著成绩，呈现出经济攀新高、环境展新貌、民生得新惠、文明创新风的良好局面。

"全托管""全覆盖"，持续迈向现代化

2010 年，原海门江心沙农场机耕队农机手施明，变身施成农机合作社理事长，开着"久保田"农机在开发区三圩村百余亩"托管"农田上耕作时，

绝对没有想到，这一源自他和其他南通农民的草根创举，继 2014 年中共中央办公厅、国务院办公厅印发 61 号文件加以推广后，成为 2016 年中央一号文件的关键词。这是改革开放 40 年南通“三农”的辉煌时刻。

文件指出，“发挥多种形式农业适度规模经营引领作用，积极培育家庭农场、专业大户、农民合作社、农业产业化龙头企业等新型农业经营主体。支持多种类型的新型农业服务主体开展土地托管等专业化规模化服务”。当年，新华社等多家主流媒体频频聚焦南通，《人民日报》以整版篇幅充分肯定南通土地全托管。

随着农村劳动力转移提速，土地“谁来种”“怎么种”问题渐显，启海地区尤为突出。土地“全托管”，即由专业化的服务组织为无力种地、无暇种地农民提供从种到收乃至销售等贯穿生产和经营全过程的服务。“全托管”服务模式按农民的收益形式分“实物”型和“货币”型两种。同步实施的高标准农田建设、适度规模经营、社会化服务联盟“三个全覆盖”，不仅为“全托管”完善了“顶层设计”，更使农业现代化有了施展的空间。

2018 年，经过多年磨炼，已经成为“江苏机王”的施明，参加首届中国农民丰收节“全国农业行业职业技能大赛”获得二等奖，被农业农村部授予“全国农业技术能手”的称号。目前，由类似施明这样的技术能手担纲的“全托管”服务主体，全市已发展了 2943 个，服务农户总数 30.75 万户，服务总面积 94.9 万亩。

“三个全覆盖”，有效引导土地承包经营权有序流转，支持有条件的地方发展家庭农场、农民专业合作社等新型农业经营主体，累计流转土地 278 万亩，占承包地总面积的 50%，其中 68% 的土地流向新型农业经营主体。全市规模以上农产品加工企业 1800 多家，市级以上农业产业化龙头企业 458 家，其中国家级重点农业龙头企业 8 家，省级重点农业龙头企业 63 家。

“全托管”“全覆盖”，带来农业综合生产能力的巨大变化，2018 年，全市农林牧渔总产值 727 亿元，比 1978 年的 49.3 亿元增长 13.75 倍。土地产出效益发生巨大变化，2017 年粮、棉、油播种面积亩单产，分别是 1978 年的 1.61 倍、1.21 倍、1.09 倍，全市每亩土地产出 2852 元，名列江苏前茅。农业现代化水平发生巨大变化，全市高性能及大中型农机具持续快速增长，装备结构进一步优化。粮食生产全程机械化整体推进，以水稻、小麦两大粮食作物为对象，提高耕整地、种植、植保、收货、烘干、秸秆处理六个环节机械化水平。全市水稻种植机械化率 96.87%。

实施乡村振兴，全面建设小康

“八长毛，九长膘，十月卖羊买棉袄。”2018 年 11 月 22 日，海门市海门街道占仁村 26 组右手残疾的户主顾耀飞面对建档立卡入户调查人员，笑声朗朗：“靠着海门高新区送的种山羊，我 2018 年养羊 22 头，上月卖掉得了 6800 元，加上高新区介绍我爱人务工的收入，家里年人均收入已经超过 1 万元，甩掉了贫困帽子！”

党的十八大以来，党中央始终把解决好“三农”问题作为全党工作重中之重，连年出台中央一号文件，重点聚焦发展现代农业和深化农村改革，制定出台扶贫攻坚、乡村振兴战略等一系列重大举措。顾耀飞就是我市实施开发式扶贫的缩影。市委、市政府农办主任吴晓春介绍，我市突出建档立卡低收入人口和市级经济薄弱村两大重点，大力推进精准扶贫、精准施策和精准脱贫，预计 2018 年底累计脱贫率可达到 80% 以上，104 个经济薄弱村集体经营性收入可达到 40 万元以上。

我市用新发展理念统揽农业农村各项工作，实施乡村振兴战略，深入推进农业供给侧结构性改革，全面提升新农村建设水平，持续改善农村民生，促进农业全面升级、农村全面进步、农民全面发展。

脱贫致富奔小康工程成效显著，贫困农民和经济薄弱村的经济状况显著改变。“十二五”期间，全市农村年人均纯收入低于 5000 元的建档立卡农户有 118856 户 221969 人，分别占乡村总户数、总人口的 5.8%、3.9%。通过开展结对帮扶、实施强村富民、低保提标托底、实施社会救助，2015 年，全市农村建档立卡低收入人口实现全面脱贫。“十三五”期间，全市农村年人均纯收入低于 7000 元的建档立卡农户有 6.2 万户 10.89 万人。通过多种帮扶措施，至 2017 年底累计脱贫率达 64.75%。

40 年，沧海一粟，农民不仅“土里掘金”，更已“走向世界”。1978 年，全市农村劳动力 353.51 万人，除 18.1 万社办工业劳动力外，94.88% 的劳动力从事农业生产。2017 年，全市外出务工人数占转移总劳力的 1/4。南通建筑铁军活跃在全国各省、市、自治区和全球 40 个国家和地区。全市境外劳务输出多年来保持全省领先，2017 年末在外人数 2.4 万人。全市已有 400 多个农民企业家在国外办企业、搞贸易，经政府部门批准兴办近 100 个境外个体和私营企业。

农家钱袋子鼓起来啦！ 2017 年，全市农村居民人均可支配收入（农民人均年纯收入）达 20472 元，是 1981 年的 249 元的 82.22 倍；全年人均消费支出 14637 元，占可支配收入总额的 71.5%。

改革开放 40 年，是我市农村经济发展最好、最快的 40 年，是农民收入增长最快、生活质量明显提高的 40 年，是生活环境改善最明显、乡村文明建设成效最显著的 40 年。我们坚信，在党的十九大精神指引下，在乡村振兴战略带动下，我市的新农村建设将迈向更高的台阶。

民生答卷

文/沈雪梅

“人民对美好生活的向往就是我们的奋斗目标。”

改革开放40年，人民生活水平的提高程度远远超过了历史上任何一个时期，是人民群众得到实惠最多、生活水平提高最快的40年。

从学有所教到学有优教，从劳有所得到劳有丰酬，从病有所医到病有良医，从老有所养到老有颐养，从住有所居到住有宜居……在南通，历届市委市政府一届接着一届干，坚持以“民升”优民生，从人民群众最关注、最迫切需求的教育、就业、医疗、安全等领域做起，不断提升百姓的获得感、满意度。

教育质态不断优化，让孩子们有学上上好学

南通素有崇文重教的优良传统，“父教育，母实业”的理念在南通深入人心。

百年大计，教育为本。改革开放初期，百业待兴。南通人民首先想到的是推动教育回归正常轨道。从“普九”到布局调整，从“六有（有整洁的校园、有满足需要的卫生食堂、有冷热饮用水、有水冲式厕所、有安全的学生宿舍、寄宿生每人有一张床）”到电脑网络“校校通”，从合格学校建设到教育现代化……40年来，一个工程接一个工程，一个战役接一个战役，全市城乡教育设施和教学条件得到全面改善。

教育大计，教师为本。当改革的春风吹来时，在通师二附从教 20 年的江苏首批特级教师李吉林意识到一个伟大时代的到来。她带着孩子们走向田野、村落、大江、小河，开启了“情境教育”系列实验和探索。与此同时，启秀中学李庾南老师开始探索“自学 · 议论 · 引导”教学法。双双摘取全国教学改革 17 把金钥匙奖中的 2 把，先后当选全国教书育人楷模、分别摘取国家级教学成果奖特等奖、一等奖，40 年孜孜以求，“二李”成为南通基础教育改革发展史上的两座高峰。以她们为引领，一批批在学科中有地位、在省内外有影响、在学术上有造诣的名师涌现，南通教育的品牌叫响全国。

40 年来，加快缩小城乡差距、区域差距、校际差距、群体差距的一系列举措出台，南通教育质态不断优化。

——更加公平。城乡义务教育学校布局和资源配置进一步优化，集团化办学、结对共建、教育共同体等多种形式的联合办学扎实推进，校长、教师交流比例达 18.7%，全市 62.6% 的学校纳入集团化管理，南通成为全国首批义务教育发展基本均衡地级市。

——更高质量。全市教育现代化建设监测综合得分高于全省平均水平，学生体质健康合格率达 95.2%，义务教育学业质量主要指标位居全省首位，41 所公办普通高中均建成省优质普通高中，高考本科录取率等主要指标持续保持全省领先。

——更具活力。被省政府确定为教育现代化市级示范区建设单位，先后承担国家级、省级教育体制改革试点项目 14 项，200 余所学校与境外学校开展合作交流；职业教育结构优化和质量提升显著，建成 4 所全国中等职业教育改革发展示范学校，2 个县（市）成为省级职业教育创新发展实验区。2015 年，南通被教育部确定为首批全国现代学徒制试点地区。

——更趋完善。学前教育服务体系覆盖城乡，新增公办幼儿园 117 所，

省优质园占比达 76.2%；义务教育入学率 100%、巩固率 100%，高中阶段毛入学率 100%。南通高等教育实现跨越发展。2004 年，南通大学组建；2014 年，南通紫琅职业技术学院升格为南通理工学院，同年，南通高等师范学校升格为南通师范高等专科学校，南通商贸高等职业学校升格为江苏商贸职业学院。

就业创业精准扶持，各项保障兜底民生幸福

就业是民生之本。改革开放以来，我市实施积极的就业再就业政策，就业结构进一步优化，劳动者就业质量不断提升，职工收入水平大幅提升。市统计局提供的数据显示，1978 年全市就业人员 400.6 万人，之后逐年增加，直至 1994 年达到最高点。其后，随着国有企业改革，“下岗”走入公众视野，全市就业人员呈下降态势。政府部门以加强职业指导为重点，推动失业人员再就业。

“那么多下岗失业职工，就像一条条搁浅的鱼一样，你必须把他放到水里，他才能活起来。”蔡霞，国家级优秀职业指导师，曾亲历那个特殊的阶段。当年，劳动部门想办法开发就业岗位，定期举办就业指导讲座、专业培训班，让更多的人正确地面对就业和再就业，提高自身专业技能，尽快适应新的就业岗位。一些下岗和失业人员不仅实现了再就业，而且生活水平也有了大幅度提高。南通统筹城乡就业的工作经验也在全国引起较大反响。

创业是最积极、最主动的就业。近年来，我市积极实施以创业带动就业举措，开展有针对性的创业培训，实行“个性帮扶”，关注对象已由失业下岗人员延伸至大中专毕业生、进城务工的农民和社会其他群体。全市 100% 的社区和 96.81% 的行政村建成充分就业社区（村），连续多年实施“万人创业计划”，年均帮扶 1 万名以上群众成功创业。

社保是安民之基。我市在省内率先实现城乡居民养老保险制度并轨，

建立全市统一的职工医保制度和城乡统一的居民医保制度，较早实现工伤、生育、失业保险制度城乡统一。

在省内率先实施城乡居民大病保险制度，实现大病保险由城镇向农村、由职工向全民的城乡无缝隙全覆盖，惠及310万人。

创新建立“以居家照护、生活照料为主，以机构护理、医疗服务为辅，集专业上门、义工服务、津贴补助、辅助器具服务”四位一体的照护保险“南通模式”……

目前，全市五大保险覆盖率稳定在97.5%左右，企业职工养老保险连续13年大幅增调，市本级人均每月达2638元。职工医保、居民医保政策范围内住院支付比例分别达83%和73%以上。

深化医疗卫生改革，做好群众健康“守门人”

没有全民健康，就没有全面小康。改革开放以来，南通卫生事业进入全面加快发展的新阶段。

上世纪80年代，按照“多层次、多渠道、多形式”的思路举办卫生医疗机构，改变了完全由国家、集体举办医疗卫生机构的局面，加快了卫生事业发展。

上世纪90年代，消灭了脊髓、血吸虫病和疟疾，甩掉了肝炎、二号病等的高发区帽子。

进入新世纪，综合医改不断深化，南通先后成为综合医改国家试点地区、医养结合国家级试点城市、国家全民健康信息互联互通业务协同试点城市、社会办医省级试点城市等。

大医院挤得水泄不通、基层卫生服务机构门可罗雀，曾是全国的普遍现象。如今，越来越多的南通市民走向社区卫生服务中心。2018年3月开始，主城区8家卫生服务中心和市第一人民医院、第三人民医院等4家

市级医院建成“紧密型”医联体，开通双向转诊、助老服务绿色通道，建立特色专科、启用中心病房，基本实现管理同步、科室共联、后勤共享、信息互通、检验结果互认。

“改革的最终目的是激发卫生和健康事业的发展活力，提升人民群众获得感和幸福感。”以“紧密型”医联体建设为代表，我市正针对医药卫生体制的重点领域和关键环节，全力改革攻坚，包括完善分级诊疗制度、建立公立医院内部运行新机制、深化医保支付方式改革等 39 项具体内容。

为满足群众对优质医疗服务的需求，我市积极引入上海资源。截至目前，已有 26 家二级甲等以上医院与上海 67 家医院建立长期、稳定、多维度的协作关系，市民在家门口就可享受上海优质医疗资源。

家庭医生签约服务是建立分级诊疗制度的重要抓手。在推广家庭医生签约服务过程中，我市探索出“1+1+1”形式，居民在签约时，可以选择 1 名家庭医生、1 个乡镇卫生院健康管理团队和 1 名县级医疗卫生机构专家，以三位一体的纵向联盟服务居民。同时以 65 岁以上老年人、孕产妇、0—6 岁儿童、残疾人、慢性病人、严重精神障碍患者、农村建档立卡低收入人口等人群为重点，扎实开展个性化签约服务。目前，建档立卡低收入人口实现签约服务全覆盖。

伴随着家庭医生的脚步，优质医疗资源加速流向基层。我市连续两年将“每个乡镇建好一所政府办卫生院”列入为民办实事项目。目前，全市已基本建成覆盖城乡居民的 15 分钟健康服务圈，政府办乡镇卫生院标准化率达 87.34%、示范化率达 54.43%，社区卫生服务中心国家或省级规范化率达 61.90%。

疾病，已成为贫困群众小康路上的最大“拦路虎”。我市积极为贫困群众构筑健康“防护栏”，于 2017 年出台《关于实施健康扶贫工程的若干意见》，建立早防早治、医疗救助、实行“先诊疗后付费”等 7 道防线，阻断

“病”对“贫”的传导。2018 年，又对原有防线进一步升级，形成“打通两条绿色通道，筑牢三道健康防线，强化四类社会保障，设立一只专项基金”的“2341”健康扶贫南通思路。

两条绿色通道指 :实施“先诊疗后付费”，打通就医绿色通道 ;设立“一站式”结算窗口，打通费用结报通道。

三道健康防线指 :优先为扶贫对象提供家庭医生签约服务、免费为扶贫对象开展健康体检、分类救治扶贫对象中的大病慢病患者。

四类社会保障指 :基本医保优先倾斜、医疗救助优先衔接、商业保险优先补充、慈善救助优先安排。

设立一只专项基金指 :建立“南通市江海健康扶贫基金”，启动健康扶贫托底保障工程。

40 年来，我市健康相关各项指标都有显著提升。改革开放前南通居民人均预期寿命为 68.38 岁，2017 年为 81.86 岁 ;1978 年，每千人口拥有卫生机构床位数 2.45 张，2017 年拥有 5.80 张。

2017 年度江苏省三级医疗机构患者满意度第三方调查结果显示，南通市患者满意度达 95.73%，高出全省平均水平 1.05 个百分点，位列全省首位。

构建“打防控”新格局，切实提升公众安全感

平安是福，安居才能乐业，才能实现一地良性发展。

本世纪以来，我市结合重建基层调解网络，创造性地提出建立“党政领导、政法牵头、司法为主、各方参与”的大调解工作思路，探索出一条有效促使社会矛盾纠纷和谐化解的创新之路。这一年，南通市县、乡两级调处中心共受理矛盾纠纷近 2 万起，调处成功率达 97% 以上。也就是这一年，南通百人发案率降至 0.176%，为全省最低 ;社会公众安全感测评满意率

98.4%，为全省第一。中央政法委、中央综治办将南通的“大调解”与浙江的“枫桥经验”并列为全国综治工作重大创新向全国推广。

老百姓最痛恨什么犯罪就严厉打击什么犯罪，老百姓反映什么治安问题最突出就集中整治什么问题。全市公安机关在改革开放中开拓创新，建立完善立体化、智能化社会治安防控体系，积极构建覆盖城乡、打防一体、动静结合的“打防控”格局。

上世纪 90 年代，尤其是党的十八大以来，全市万人刑事案件发案率始终处于全省最低水平。南通刑警发扬“甘于牺牲奉献、善于攻坚克难、勇于挑战极限”的精神，使我市命案侦破率连续多年保持在 97% 以上。著名美籍华人、国际刑侦专家李昌钰博士赞叹：“南通刑警的高破案率在世界都是一种奇迹。”国务院曾授予我市公安局刑警支队“特别能战斗刑警队”荣誉称号。

通过主动融入“智慧城市”建设，大力实施“雪亮工程”，南通成为全省第一个全部通过县级“技防城”验收的城市。与此同时，我市公安部门切实加强公共安全监管，创新建立交通安全感知、消防数据监测、寄递行业监管“三张防护网”，实施城市交通畅行工程，强化交通流量分析、出行诱导和事故防范，努力让老百姓居家更安心、出行更放心、生活更舒心。

平安南通建设从弱到强、从靠人力到靠科技，实现了更快地破大案、更多地破小案、更好地控发案。

2017 年，南通社会治安满意度列全省第一。

庆祝改革开放40年发展述评⑧

文明赞歌

文 / 卢兆欣

亚里士多德有句名言："人们来到城市是为了生活，人们居住在城市是为了生活得更好。"

城市是人类社会发展到一定阶段的产物，具有现代文明气质的城市才会打动人心。一个文明的人，必定是全面发展的人；一座文明的城市，也必定是全面发展的城市。以文明的视角看待城市气质，方显一个城市的精致与魅力。

南通，一座由江潮海浪孕育而生的城市。百余年前，先贤张謇"与世界文明争胜"，成就了"中国近代史上中国人最早自主建设和全面经营的城市典范，在中国近代城市发展史上有着独特的地位"（吴良镛语）。

新中国成立特别是改革开放以来，南通续写时代华章。历届市委市政府持之以恒推进公民道德建设，培育和践行社会主义核心价值观，用先进典型引领社会风尚，全面提升公民文明素质和社会文明程度，精神文明"南通现象"成为全国重大典型，南通荣膺全国文明城市"四连冠"。

内外兼修，南通将文明内化为城市发展的基因，具化为每个市民的行动，凡人善举不断涌现，道德力量广泛传播，让城市更具魅力、更有温度，文明内涵更加丰盈。

夺牌之路，接力铸就城市文明之魂

文明，是一座城市的幸福底色，也是最迷人的气质。

我市始终坚持文明城市建设与城市跨越发展同频共振。文明创建接力跑，不仅跑出一道道文明新风景，更把“软功夫”转换成“永动力”，带动南通在高质量发展征程上全力追赶超越。

从2008年加冕“全国文明城市”，到2017年以全省第一的成绩实现“四连冠”，“全国文明城市”这块“金字招牌”已在南通挂了10年。

全国文明城市是我国含金量最高、综合性最强、影响力最大的城市品牌，是对一座城市经济社会综合发展水平的最高评价。改革开放之后，文明创建即在江海大地上全面展开；本世纪以来，南通更是进一步开创了文明创建的全新局面，并一步步取得令人瞩目的业绩。

2000年，我市把创建文明城市工作纳入全市经济和社会发展“十五”规划，2001年写入市第九次党代会决议。

2002年，市委、市政府把创建文明城市列为当年五大重点工作之一，强调文明城市是一笔巨大的无形资产和极富“含金量”的“金字招牌”，是全市精神文明建设见快效、见实效的最佳途径，是凝聚民心、汇聚民力、提升民气，同心同德促发展的最有效抓手。

同年10月，南通一举夺得江苏省文明城市和全国创建文明城市工作先进城市两项重要荣誉。

2003年5月，精神文明“南通现象”作为唯一的地方性大事，破格入选“全国精神文明建设十件大事”。

2004年9月，南通成功举办首届中国公民道德论坛，南通市公民道德建设成为全国先进典型。

2005年12月，市区及六县（市）全部被江苏省委、省政府命名表彰为江苏省文明城市，南通实现了创建文明城市“满堂红”。

2007年8月，南通成为全国创建文明城市工作重大典型，中央主要新闻媒体集中宣传南通“以典型示范普及核心价值理念，以群体效应提升城市文明程度”的创建文明城市工作经验，在全国引起广泛关注。

2008 年，在第二批全国文明城市评选中，南通以全国地级市第 2 名的优异成绩，被中央文明委表彰为“全国文明城市”，南通文明创建工作进入全国领先的城市行列。

2011 年，南通通过严格复查测评，再度蝉联“全国文明城市”这一光荣称号。

2015 年 2 月 28 日，全国精神文明建设工作表彰暨学雷锋志愿服务大会在北京召开，南通蝉联“全国文明城市”称号，全国仅有 5 座城市夺得“三连冠”。

2017 年 11 月 14 日，中央文明网公布第五届“全国文明城市”名单和复查确认继续保留荣誉称号的往届“全国文明城市”名单，南通蝉联“全国文明城市”荣誉称号，实现全国文明城市“四连冠”。

内外兼修，凡人善举成为最美风景

“南通，连空气都充满着一股清新、文明之风！”

2007 年 7 月初，中央文明办协调组同志在南通调研时，发出了感慨。调研组这样评价 :南通在创建实践中探索出了一条“以典型示范普及核心价值理念，以群体效应提升城市文明程度”的成功之路。

用道德的力量感召全市人民奋力前行，共同谱写好中国梦的南通篇章。我市把文明创建的过程作为引导市民自我教育、自我熏陶、自我提高的过程，常态化开展文明村镇、文明单位、文明校园、文明家庭、美丽乡村等基层创建活动。

自 1986 年开始，32 年来，我市已坚持开展 38 届文明新风典型评选活动，共有 900 多名普通市民成为文明新风典型，组成了道德典型的市级先进典型资源库。

从寻找第一个捐资助学不留名的“莫文隋”，到无数个扶贫济困的“莫问谁”；江海志愿者从最初的34人，发展到现在的120多万人……江海志愿者的美德善行由点到面、由个体到群体，形成巨大的“滚雪球”效应，成为南通这座城市的重要精神标识。

“爱心邮路”从1条延伸为609条，“无红包医院”由1家增长到200多家，平安护学岗、“晓君解忧热线”、“关爱一线牵”……人人崇德向善，存好心、当好人、做好事蔚然成风。

2018年10月8日晚上9点半左右，一名青年男子在市区五洲国际马路边突然晕倒不省人事，南通中医院“90后”“美小护”管成凤下夜班经过立即跪地救人，等到120救护车将男子接走后，她才默默离开。

来自陌生人的善意让这座城市充满了温情，让生活在这里的人们感到无比自豪。

2015年起，南通将全市各个领域的先进典型评选加以整合，以市文明委名义组织开展“文明百佳·星耀江海”评选表彰活动，每年表彰100个“文明之星”。

江海涌动文明潮。得益于党委政府始终把“凡人善举”典型作为“崇德向善”的价值引导，建立了一套科学合理、行之有效的典型选树、带动群众机制，并坚持用“德得相通”呵护“凡人善举”，精神文明之花才能常开不谢。

从“盆景”到“花园”，从“独木”到“森林”，一个个道德建设的品牌成为江海大地一道道亮丽的风景线。全市涌现出“感动中国”年度人物磨刀老人吴锦泉等一大批有影响的道德模范和先进典型，先后7人荣获全国道德模范提名奖、24人荣获江苏省道德模范及提名奖，130人（组）荣登“中国好人榜”。

长效常态，百姓满意作为第一标准

“创建不是为了拿牌子，最终是要让广大市民百姓满意，提升群众的幸福感和满意度。”在文明创建中，南通既要金杯，更要百姓的口碑。

“2019 年雨季不用害怕被淹了。”看着小区里忙碌的施工人员，家住崇川区虹桥西村的张广才充满期待。2018 年 9 月，我市出台《南通市城市“微治理”三年行动工作方案（2018 ~ 2020 年）》，启动城市“微治理”三年行动，改善城市环境面貌，让人民群众在城市生活更方便、更舒心、更美好。虹桥西村等老小区的屋面、外立面、公共绿地、道路景观、停车位改造被列入其中。

多年来，我市坚持创建惠民，从具体的事做起、从百姓关心的事做起、从历史累积的老大难问题做起，把老百姓的需求作为“第一信号”、把老百姓的满意作为第一标准，开展专项整治，以点带面精细化推进城市管理。

民生痛点在哪，创建重点就在哪。近 5 年，南通投入真金白银，累计在市区改造提升 26 个老旧小区、32 家农贸市场。2017 年，又针对群众反映强烈的问题，整治黑臭水体 22 条，清拖“僵尸车”1000 余辆。

“对不起，盲道上不能停车”，在各个社区，有戴着红袖套的义工维持秩序；“你好，请不要占道设摊”，在大街小巷，有 1500 多名志愿者“城管”四处巡察……

在推进文明城市长效管理进程中，群众成为创建的主角，城市就有了无处不在的眼睛，像“啄木鸟”一样将一个个问题挖出来、解决掉，让文明南通渐成常态。

长效的领导机制，是南通文明城市长效管理的“引擎”。我市建立了市委、市政府主要领导挂帅的高位指挥、高位协调机制。全面加强长效管理机制建设，推动市区两级纵向互动、条块横向联动，构建了以“两级政府、三级管理、四级网络”为主体的常态化、高效化组织工作体系。

出台市区文明城市长效管理工作问责办法，全面落实“日巡查、月考评、季点评、年奖惩”长效管理考评机制，层层传导压力，促进工作落实，城市管理实现常态长效。

全域创建，续写时代城市文明辉煌

“四连冠”的创建实践启示我们，办好南通的事情，必须解放思想再出发，登高望远揽全局，始终在大局下谋划工作，看准了的事情，就要拿出定力和勇气来，坚定不移干下去，一张蓝图绘到底；必须坚持以人民为中心，把人民对美好生活的向往作为奋斗目标，多谋民生之利，多解民生之忧，依靠人民创造历史业绩；必须强化全市“一盘棋”的思想，上下联动、分工明确、协调有序，形成齐心协力、整体推进的生动局面；必须大力弘扬“包容会通、敢为人先”的城市精神，虚心学习先进地区成功经验，大胆创新，追赶超越，争当先锋，始终保持工作生机活力，走具有南通特色的品牌之路。

2017 年，就在南通蝉联全国文明城市“四连冠”的同时，如皋市获批全省江北首家县级“全国文明城市”，海安、如东、海门、启东获评“全国文明城市”提名城市。

文明创建只有起点、没有终点，只有更好、没有最好。站在全国文明城市“四连冠”这一新的起点，南通文明城市建设正朝着更高、更深、更广的层次发展。

2018 年 7 月 4 日，我市召开全市文明城市建设大会，市委、市政府发出动员令：全域创建，迈向“全国文明城市群”！要求全市上下拿出“永远在路上”的坚毅笃定，拿出蝉联殊荣的实际行动，不忘初心、继续奋斗，在新的历史起点上续写南通文明城市建设新辉煌，为争当“一个龙头、三个先锋”营造良好环境，注入精神动力。

按照市委市政府部署要求，全市各地各部门整体谋划、系统推进，坚持从头从紧从实抓起，从第一棒开始就抢占先机、争取主动，确保我市全域文明城市创建始终走在全国、全省前列。

海安市突出以人为本、提升市民素质，突出全域联动、夯实基层基础，突出重点难点、全面补齐短板，突出优势亮点、打造创建品牌，突出氛围营造、形成强大攻势，力争奋斗三年跻身全国文明城市行列。

如东县坚持目标引领、问题导向、城乡联动，努力使城市建设和管理水平明显提高，市民文明素质、城市文明程度、城市文化品位、群众生活质量明显提升，“2020 年底进入全国文明城市行列”志在必得。

海门市制订创建全国文明城市三年行动计划，明确一年夯实基础，两年巩固提升，三年全力冲刺，“力争在 2020 年建成全国文明城市”。

启东市以城乡环境综合整治为主抓手和突破口，深入实施公共道德、公共设施、公共秩序等“六大文明提升”行动，“奋战 2018 年、突破 2019 年、决胜 2020 年，确保全国文明城市成功创建”……

有志者，事竟成。目标 2020 年市区实现全国文明城市“五连冠”、确保再有 1 至 2 个县（市）跻身“全国文明城市”行列，我市正一步一个脚印，向“全国文明城市群”迈进。

党建基石

文 / 张烨

办好中国的事情，关键在党。多少次举旗定向，多少次拨云见日，中国共产党引领改革开放航船，始终向着正确方向行稳致远。

南通是一片具有光荣传统的红色土地，曾在中国革命史上涌现了红十四军、“反清乡”斗争和“苏中七战七捷”三座丰碑。新中国成立特别是改革开放以来，历届市委始终把加强党的建设作为重中之重，聚焦主责主业、强化使命担当、锐意改革创新，党的思想建设、组织建设、作风建设、干部队伍建设和反腐倡廉建设等工作取得丰硕成果，全面从严治党迈上新台阶。以党的建设为支撑和保障，江海儿女深入推进中国特色社会主义建设生动实践，在与日俱增的获得感、幸福感中，老百姓对党的感情与信任也越来越深。

坚定信仰，筑牢思想之魂

全面从严治党，思想建党的“法宝”不能丢。坚定理想信念，坚守共产党人精神追求，始终是共产党人安身立命的根本。40 年改革开放伟大实践中，我们党一直高度重视思想建党，推动各级党组织和广大党员坚定信仰信念，始终听党话、跟党走。

1978 年，我党在全党范围内展开了一场关于真理标准问题的大讨论，不仅开启了当代思想解放的先河，而且恢复了思想建党的优良传统。当时的南通也不甘落后，各级党组织分别组织领导干部和基层干部进行政治理论学习，对实践是检验真理的唯一标准问题进行充分讨论学习，并且与研究和改进思想、工作作风问题结合起来，为改革开放奠定了坚实的理论和思想基础。

1991年6月，我市在南通第一个中共党组织诞生地通棉一厂（原大生一厂）举行中共南通独立支部纪念碑揭牌仪式，表明全市上下坚定共产主义信仰、坚持党的领导毫不动摇。我市始终与党中央保持一致，坚持高举中国特色社会主义伟大旗帜，迈开改革开放坚实步伐，开启了党的建设新的伟大征程，切实把党的政治建设、思想建设抓紧抓实。

抓实抓细主题教育，补好精神之钙。近年来，我市深入开展学习实践科学发展观、“创先争优”、党的群众路线教育实践、“三严三实”专题教育、“两学一做”学习教育等主题教育，推动党员干部政治、思想、作风等建设常态化制度化，在加强党性锻炼、整治“四风”问题、密切干群关系等方面成效明显。市委主要领导和常委同志发挥示范带动作用，带头参加学习教育和实践活动，带头严格落实党内政治生活各项规章制度，以普通党员身份参加组织生活，每年深入基层讲党课，推动全市党员干部淬炼党性、提升境界。

“作为党员干部，一定要多学习、多思考、多实践，切实把学习成效转化为工作成效和发展成效，为南通追赶超越、争当先锋提供坚强能力保障。”在上个月举行的市第十七期高级管理人员研修班上，40名市管领导干部围绕如何实现城市交通转型升级、加强社会治理、处理环境保护与民营经济发展的关系等方面展开了激烈的讨论，并庄重地许下了诺言。

聚焦发展大局，增强干部履职能力。我市坚持把干部教育培训工作放在南通发展的大背景下考量，紧扣南通干部“所需”“所缺”，每年确定一个培训主题，比如2015年“两个率先”、2016年“四个全面”、2017年“九

大任务”、2018 年“八项本领”等系列研修计划。同时，我市深化与国内知名高校、异地培训机构的交流合作，打造了高研班、中青年联办班、中浦院南通基地等高端培训品牌，扩大了南通干部培训的影响力。

我市先后举办全面从严治党系列专题培训班、学习贯彻习近平总书记系列重要讲话精神读书班、“旗帜鲜明讲政治”专题培训班、党的十九大精神轮训班，系统学习习近平总书记治国理政新理念新思想新战略，实现了市管领导干部和基层党组织书记轮训全覆盖，进一步教育各级干部切实坚定“四个自信”，增强“四个意识”，用习近平新时代中国特色社会主义思想武装头脑、指导实践。

强基固本，夯实基层堡垒

“美英回村十余年，长圩面貌起巨变，老少都赞戴书记，辉煌成就人人见。”海门市余东镇长圩村广泛传唱的这首民谣，唱的是老百姓对好支书戴美英的赞扬，也唱出了人民对党的支持与拥护。

昔日破落的贫困村，如何走出富民强村新路？戴美英带领村党总支一班人，把党的建设与产业发展、群众需求、基层治理深度融合，形成“五彩长圩”党建品牌。通过探索在产业链上建支部、合作社带民富的新路子，全村建有合作社 5 家，惠及农户 600 多户；26 户有劳动能力的低收入户全部由村干部和党员骨干“一对一”结对帮扶，全部脱贫致富。近年来，长圩村先后荣获江苏省文明村、南通市先进基层党组织等荣誉。

基础不牢，地动山摇。40 年来，我市大抓基层的导向日益鲜明。当前，全市有基层党组织 2 万多个，党员 46 万多名。随着经济社会发展、产业结构转型，再加上市场经济、物质观念的冲击，基层党组织建设面临着一些问题和挑战。党要管党，首先是党委要管，压实主体责任。抓实第一责任人的责任，就抓住了新时代基层党建工作的“牛鼻子”。

2016年，市第十二次党代会提出："提高党委领导经济工作的能力和水平，探索党的建设与经济工作同规划、同部署、同落实、同考核的融合党建新路径，推动党的建设走在全省前列。"市委常委会每季度听取分析基层党建工作，市委主要领导带头领办书记项目，市委常委定期点评分管领域党建工作。近几年来，市县乡实施"书记项目"202个，建立党建联系点300多个。同时，建立"季度专项督查、年中检查通报、年度述职评议"督查机制，建立经济社会发展和党建工作"双百分制"考核办法，实施自我评价、督导组评价、社会公众评价、基层党建工作观察员评价"四位一体"综合评价，推动基层党建各项举措落到实处。

市级机关各级党组织创新抓落实，把项目建设作为党建工作的第一阵地，对包括服务项目在内的700条社会评议意见狠抓整改落实，逐单交办、逐月跟进、逐条过关。2016年，我市机关党组织"服务项目争贡献，融合式党建促发展"做法，被评为"全国机关党组织'两学一做'最佳案例"，受到中央国家机关工委表彰。

"老家发来的党建文章学起来就是有味道、有动力。"海安市城东镇石桥村的流动党员唐小惠已在外多年，曾为不能参加组织生活而遗憾。如今，石桥村的党建微信群总会实时推送党建文章，党总支还会经常了解她的最近动态，让她觉得很有"归属感"。我市创新的流动党员"磁铁""风筝"工作法教育管理服务模式，让流动党员"流动不流失"，及时参加党的组织生活，接受党组织的教育、管理和监督，发挥先锋模范作用。

敢为人先、大胆实践，迸发活力、夯实基层。2015年，我市在全国率先提出，基层党组织不仅要践行宗旨、服务群众，还要牢记政治属性、强化政治功能，旗帜鲜明地教育引导群众听党话、跟党走。按照"建组织、建队伍、建载体、建机制"，推动"民得实惠、党得民心"的思路，全市建成1890个"江海先锋党群服务中心"和"江海先锋领航服务站"，并通过开展"微型农

课”“党员故事会”等活动，推行村级重大事项“四议两公开”，实施教育引导“十小工程”，推动基层党组织和党员在服务中教育引导群众。

“多亏了村党总支，村集体经济有了很大起色，才能有条件解决残疾人、五保户等就业问题。村里出台了党员红榜积分考核制度，增强了我们党员的归属感，也压实了一份责任。”在对村党总支发挥“一轴四轮”作用进行评价时，通州区先锋街道花园村 14 组村民葛汉文赞不绝口。

俗话说：火车跑得快，全靠车头带。基层带头人的素质能力如何，直接影响党组织的战斗力和基层组织工作成效。近 5 年来，我市累计选派 700 多名机关干部担任薄弱后进村（社区）第一书记，目前优秀大学生村（社区）官担任村“一把手”的比例达 20%，“群众信得过的带头人”比例达 90% 以上。2014 年，我市在全省率先启动村（社区）干部学历提升工程，2500 多名村干部获得大专以上学历。

2017 年 7 月召开的市委十二届四次全会对镇村党组织书记提出了“一轴四轮”（以充分发挥党组织领导核心作用为“轴心”，坚持抓党建、抓富民、抓生态、抓稳定“四轮”驱动）的履职要求，为新形势下基层党组织重点做什么、怎么做指明了方向。

2018 年 7 月，市委举办第一期全市镇村书记工作讲坛，强调要把“一轴四轮”主要职责落到实处，推动镇村书记进一步解放思想、提高站位、锤炼能力、改进作风，在南通争当“一个龙头、三个先锋”的生动实践中，更好发挥基层带头人作用。

风清气正，建好政治生态

“开展党员领导干部任前政治体检，就是要抓住选人用人这个源头和风向标，真正筛选出对党忠诚、对人民忠诚、对事业忠诚的好干部，推动各级党员领导干部时刻绷紧‘政治建设’这根弦，推动全面从严治党向纵深发展，不断巩固讲政治、重大局、风清气正的良好政治生态。”

上周，我市党员领导干部任前政治体检动员部署及业务培训会召开，提出将政治体检结果作为干部选拔任用的重要依据，对体检诊断为“亚健康”“不健康”的，实行一票否决，取消拟任人选资格。

党要管党，首先是管好干部；从严治党，关键是从严治吏。干部队伍源清流洁，是党内政治生活风清弊绝、从政环境天朗气清的重要前提。新形势下从严治吏，就是要抓好选人用人这个导向，以用人环境的风清气正促进政治生态的山清水秀。近年来，我市坚持“五个注重、五个坚决不用”的鲜明用人导向，大力培养使用“信念坚定靠得住、为民服务能力强、勤政务实作风好、敢于担当负责任、清正廉洁有正气”的好干部。

“十二五”期间，我市在省内率先出台了《干部任用条例》“2+8”配套制度文件，制定 40 项重点任务，把干部选拔任用制度具体化规范化。建立市委组织部领导班子成员与干部谈心谈话制度，健全干部经常性教育提醒机制，常态化开展谈心、任前、提醒、警示、回访等五类谈话，推动咬耳扯袖、红脸出汗成为常态。严格执行“凡提四必”等制度，开展“三超两乱”、违规兼职、“吃空饷”、干部档案等专项整治，开展选人用人情况专项督查，严防干部“带病提拔”。

2018 年 7 月，市委制定出台了《南通市党政干部鼓励激励实施办法》《南通市进一步健全容错纠错机制实施办法》《南通市推进党政领导干部能上能下实施办法》，进一步提振干部队伍干事创业精气神，为南通争当“一个龙头、三个先锋”，推动高质量发展走在全省前列凝聚强大力量。

好干部是培养选拔出来的，也是从严管理监督出来的；既要把好选人用人的“入口关”，也要上好日常监督的“必修课”。从上世纪 90 年代开始，我市先后开展普及党纪基础知识教育、“高举旗帜、增强党性、艰苦奋斗”主题教育和党风廉政、法律法规教育，并在全体党员、干部中开展警示教育与

专题党课，进一步提高广大党员干部拒腐防变的能力。近年来，市纪委监察部门围绕干部清正、政府清廉、政治清明，全力打造“三清示范区”，着力构建风清气正的政治生态。组织部门推行党员教育管理“双预警”制度，综合运用分色预警、诫勉谈话、限期整改、组织处置等措施，明确划定纪律规矩的“红线”和“雷区”，让广大党员心有所畏、言有所戒、行有所止。

为政清廉才能取信于民，秉公用权才能赢得人心。我市以零容忍态度惩治腐败，以严明党纪党规为主线，压实各级党组织全面从严治党主体责任，加大执纪监督问责力度，驰而不息狠抓作风建设，助推党风廉政建设向纵深发展。2017 年，市纪委将落实党风廉政建设责任制检查考核与“四个全面”考核有机结合，对 15 家单位组织重点检查考核；强化“一案双查”，实施党内问责 261 起，问责 100 个党组织、187 名党员领导干部，倒逼“两个责任”落地生根。

保持党同人民群众的血肉联系是一个永恒课题。2017 年，市委启动富民强企奔小康“走帮服”活动，把它作为转变干部作风、密切联系群众、推动高质量发展的创新性群众工作。全市 5.6 万余名党员干部访农户、入企业、走村居，摸实情、办实事。

2018 年，我市“走帮服”活动在 2017 年基础上创新抓手、丰富内涵、务实举措，快速回应基层群众诉求，努力帮助解决企业发展中遇到的困难，不仅实打实地解决了一批问题，而且有效调动和激发了广大党员干部干事创业的热情，锤炼了党员干部深入一线、深入群众、攻坚克难的优良作风，形成了“党员干部精神面貌好、全市上下发展氛围浓”的良好局面。

从 2018 年放眼未来，新时代改革开放的伟大事业，呼唤广大党员不忘初心、建功立业。如今，江海儿女们继续高举中国特色社会主义伟大旗帜，积极探索党建新路径，在改革发展的大局中勇立潮头、攀高争先，向着更壮阔的明天启航，跑好改革开放接力赛，努力谱写高质量发展的南通新篇章！

县市区特别报道

改革开放再出发
追赶超越当先锋

2018年七八月间,《南通日报》推出"改革开放再出发、追赶超越当先锋"县(市)区特别报道,全面展示各地改革开放以来最为鲜明的特质和成就,聆听各地新时代改革开放铿锵足音,更加深刻地领悟"关键一招""必由之路"的丰富内涵,为争当"一个龙头、三个先锋",激发蕴藏于历史深处的前行动力。

启东：融入上海，发展内涵大提升

文 /《南通日报》采访组

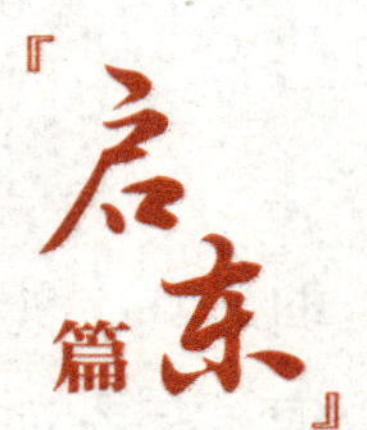

40 年前，江海交汇处的启东圆陀角，还是一望无际的芦苇荡。物转星移，如今启东百里江海岸线，则是一番热气腾腾的景象。

实践充分证明，改革开放是经济社会发展进步的活力之源。面对新时代新要求，启东市委书记王晓斌表示，通过全力打造现代产业、开发开放、城乡发展、生态环境、文化建设、民生幸福“六大新高地”，高质量建设“强富美高”新启东。

前瞻性谋划，启东融入上海春来早

吕四的海鲜市场，每天都有上海人来“探营”；启隆镇的绿地长岛，已经成为上海人后花园。

一辆辆“沪”字头私家车在启东早已司空见惯。“在我们这，几乎家家都有上海亲戚。”老百姓的一句笑谈，道出了启东与上海的亲近。

启东与上海，一衣带水，隔江相望，直线距离也就 50 多公里，两地地缘相接、人缘相亲、文化相通、经济相融。改革开放以来，启东巧借毗邻上海的优势，发展的步伐一刻也没停歇。

2002 年 6 月，启东提出融入上海的战略思路。

“十一五”期间，启东又制订“江海联动、桥港互动、接轨上海、走向世界”的发展战略。

2011 年 12 月 24 日，崇启长江大桥正式通车。从此，启东正式融入上海一小时都市经济圈。

吕四，我国著名的渔港，这里出产的黄鱼、带鱼、鲳鱼、梭子蟹是上海人的最爱。2018 年 50 多岁的潘东辉开菜篮子工程专用车。他说，上世纪 80 年代从启东到上海要汽渡过江，大概 7 个小时左右。碰上台风或者大雾，只能望江兴叹，海鲜的损耗率很大。后来苏通大桥开通后，到上海也要三四个小时，如今通过崇启大桥，1 个多小时就可以到上海市区。

融入上海，交通是基础。

“长期以来，我们启东人一刻也没有停止编织‘跨越长江’的梦想。”原启东市大桥办总工程师李洪斌感慨地说。一江之隔使启东成为交通神经的末梢，严重地制约了启东的经济社会发展。令人兴奋的是崇启长江大桥通车那年，启东进一步确立了“领跑沿海、融入上海、包容四海”的发展战略定位。

2013 年，启东委托上海市政府发展研究中心开展对接上海专题研究，并在园区开发，物流、人才、农产品供销对接，港口发展等 9 大领域实施专项行动计划，简称“139”工程。

2015 年，抓住上海城市功能转型区内企业提档升级、搬迁改造和产业转移的机遇，启东适时启动对接上海招商大会战，着力招引一批“裂变”项目、“升级”项目和产业链延伸项目。

2017 年 12 月份，启东牵头委托上海财经大学开展了启东市对接服务上海总策划研究，以进一步落实南通市建设上海大都市北翼门户城市的总体方案，特别是建设启东生命健康科技城的有关要求。目前，总策划研究已经形成了初步中期成果。

包容性合作，引得产业人才上海来

“从启东‘上海很方便，下海也很方便’。”在振华重工总裁黄庆丰眼中，

启东有着独特的魅力。上海的专家早上来解决启东的技术问题，晚上就可以回上海；制造的大型海工装备从这里出海，不用穿过跨江大桥，就能直奔东海。

这是振华重工选择落户启东的缘由。

时间回放到2012年。启东科技企业创业园里，上海人徐清强正在车间指导油墨的生产和包装。这是一家从上海搬过来的科技企业。从汇龙镇生产出的油墨成品，会定期发往上海，公司的上海员工也每周往返于杨浦和汇龙之间。

徐清强说，在这个创业园内，近半数的企业都和上海的高等院校、科研院所有合作协议，“现在有了大桥，上海的专家更乐意到这里来作技术指导和工作。”

目前，许多从上海来的人才已在启东安居乐业。

启东高度重视人才和智力引进工作，大力实施人才强市战略，只求所用，不求所有，实行包容性合作，全力营造激励人才发展和创新创业的优良环境。

2018年，启东市委、市政府制订出台了《关于进一步推进人才优先发展的意见》，共30条，通过实施“六大人才工程”，着力打造人才高地，服务创新创业，以人才和智力资源的集聚，引领和支撑启东经济社会创新发展。

启东经济开发区经济发展局副局长顾启成，过去长期在乡镇企管站工作。他说，启东乡镇企业起步都离不开上海的技术。最早的时候，都是聘请上海技术师傅，利用星期天来企业指导，后来干脆办上海的联营企业。上世纪80年代末90年代初，启东到处可以看到某某上海厂启东联营厂的牌子。

充分利用沪上人才资源是启东优势。近年来，启东向复旦、上海交大等沪上10所知名高校就业处负责人颁发聘书，向他们预约高校优秀毕业生；先后与华东理工等院校举办生物医药、海工装备、精密机械、新能源等专题产学研合作洽谈会 10 多场，签订产学研合作项目 65 个，柔性引进专家教授 220 多人；同时加强校地合作平台建设，依托上海交通大学电子信息与电气工程学院（启东）产业技术研究院、复旦科技园等校地合作平台，吸引更多的创新创业人才来启。

2018 年启东国际经贸洽谈会上的一组数字是最好佐证。会上，来自生物医药、电子信息、智能制造、海工船舶等行业的领军企业高管、科研院校专家等 230 余人齐聚启东，涉及新型材料制造、新能源汽车部件制造、生物医药等领域的 30 余个项目现场签约，总投资超 120 亿元，签约项目七成以上来自上海。

差异化竞争，造就国之重器启东造

国之重器，启东智造。

前不久，由我国自主设计建造的亚洲最大自航绞吸船——“天鲲”号出坞试航，引来全球聚焦。

在启东，类似“天鲲”号这样的大国重器很多：我国第一座浮式生产储卸油平台“希望 6 号”、全球首艘深海原油中转船、我国首艘军民两用半潜运输船“振华 33 号”、亚洲最大容量的海上升压站、世界最大的可移动式龙门吊机“宏海吊”……近年来，启东全力加快海工船舶产业转型升级，推动海工装备制造业向高端挺进，长江入海口相继驶出大国重器。

产业差异化竞争，园区错位化发展，共同绘就了这座东疆小城融入上海、迈向世界，推动高质量发展的画卷。

聚焦高质量发展，启东全力打造符合本地发展实际的重点产业集群，大力扶持海工及重装备、生命健康科技两大主导产业发展，加快发展新材料、新能源、新医药等新兴产业。在吕四港经济开发区，一批重点企业加速

发展。华峰超纤一期项目自2016年3月投入生产以来，已有11条生产线进入生产阶段，目前二期项目已经启动，全部建成后将成为世界上规模最大的超纤材料生产基地。广汇能源扩建工程正在加紧建设，该工程总投资7.4亿元，计划2018年年底建成投产，建成后可实现年LNG周转量300万吨，应税销售突破100亿元。

江苏神通阀门股份有限公司最早是家生产农机具的小厂。上世纪80年代初，当时宝钢一期工程刚完成，提出"以国产代替进口"的构想，准备在二期工程中使用国产水渣蝶阀。神通阀门尝试水渣蝶阀的国产研制任务。第一次出样品，拿去宝钢一试，不到一周就坏了，被宝钢戏称为"礼拜阀"。经过数百次的反复试验，水渣阀门终于获得成功，它的使用寿命竟比日本同类产品增加了好几倍。当时宝钢奖励了企业500元，从此，企业与上海宝钢有了不解之缘。

如今的神通阀门，已经发展成为能为冶金、核电、火电、煤化工、石油和天然气集输及石油炼化等领域研制特种专用阀门的重点骨干企业，主要产品有七个大类145个系列2000多个规格。

在城市发展过程中，启东明确自身在上海城市群中的功能定位，努力实现与上海在更高层次、更宽领域的融合发展。2017年，启东在沪举办各类招商活动119场次，新签约亿元以上产业项目139个，引进上海产业协作资金453亿元，与上海地区高校签约产学研合作项目25个。

启东高新区海虹路祝桥产业园里，塔吊林立，工程车进进出出，多个项目正同时建设。浦东祝桥启东产业园是在上海土地减量化政策之下的首个上海先进制造业转移集聚地，形成了研发、销售在上海，生产、加工在启东的模式。统计显示，近两年落户启东各大园区的企业中，2/3以上来自上海。

近水楼台先得“益”

要说靠江靠海靠上海，启东在最前沿，这是由地理位置决定的，也是必然的区位优势。

我们在启东采访，听到最多的是，崇启大桥的通车，让启东真正成为上海的北大门；上海人到启东来吃海鲜、住农家、玩圆陀角的越来越多；上海的产业、企业转移到启东的越来越多，甚至还建办了特色园区。

启东融入上海，取得今天这样的成果，主要得益于党的改革开放政策。有了好政策，就是有了前进的方向，但步子还得自己走。这步子启东人走得早，早在2002年6月，就提出融入上海的战略思路。这其实也是启东人解放思想的一次成功实践。

上海是国际大都市，信息资源、人才资源等都十分丰厚。启东毗邻上海，不等于这些资源会长着腿自己跑过来，用好优势才是正道。

启东的发展，需要产业支撑，特别是新兴产业，而产业的根要扎得稳需要人才的支撑。启东就出台灵活的人才政策，让上海甚至海外的人才到启东来指导产业发展、研发新型产品。通过10多年沉淀，今日启东的产业已经让人刮目相看，能造出全球无双的大国重器“天鲲”号就是一个明证。

近水楼台先得“益”，启东有启东的方法。谋划早是一个方面。另外，就是启东善于向上海学习，从上海的发展步伐中，嗅到自己的发展方向。上海土地资源紧张，那启东就创办园区给你落户企业；上海是科技创新的活跃都市，人才济济，启东不断更新人才新政，吸引他们、留住他们。

融入上海，启东动手早，占了发展的先机，在新一轮解放思想，推动高质量发展进程中，其追赶超越、争当先锋的势头不可小觑。

本报记者 赵勇进

海安：枢纽经济，构建赶超大格局

文 /《南通日报》采访组

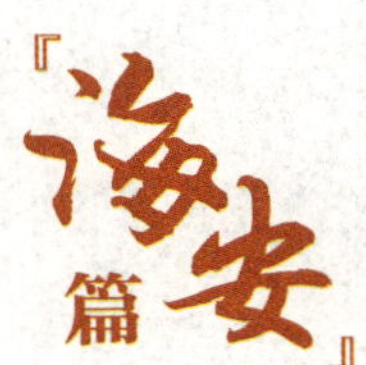

撤县设市，对海安来说，是一个节点。

由“县”变“市”，一字之差的背后，是城市能级的提升，是空间格局的拓展，是发展能量的爆发。

10 多年前，论综合实力，海安还是南通六县（市）区中的“小六子”；如今，不少工作已经成为南通的“排头兵”。

全力推进枢纽、物流、产业三大优势转换，海安以枢纽经济为发力点，在推动高质量发展的路上越走越顺畅；在长三角一体化的大格局下，勇于竞争、追赶超越的信心越来越坚定。

交通纵横，编织最优发展路径

目前，海启高速海安段的路基和桥梁的施工总工程量已经完成 90% 以上。

海启高速，江苏“五纵九横五联”高速公路网规划中的重要组成部分，通车后将拉近海安与上海浦东的距离，对海安加快实施江苏沿海开发战略，更大程度参与长三角地区产业布局分工作用明显。

海安是长三角南北交汇的战略交通要冲，沟通江淮的商贸集散中心。早在汉代，即以“三十六盐场咽喉，数十州县要道”著称。

然而，由于交通基础设施建设的滞后，到上世纪末，昔日“咽喉”逐渐成为交通末梢和辐射边缘地带。缺江少海，相对远离上海，区位优势愈发不明显。

得枢纽者得天下。综观国内外经济发达城市，无一不是以枢纽建设为先导，驱动经济快速发展。

海安全面推动综合交通枢纽建设，交通基础设施总投入超过 100 亿元。“公、铁、水”齐全，综合交通网络基本成型。

公路方面，海安境内拥有 2 条高速、3 条国道、4 条省道。其 5 个高速公路道口，居全省县级城市前列。全市公路通车总里程达 2382 公里，高等级公路区镇覆盖率达 100%，农村公路三级及以上等级公路比例达 35%，在南通各县（市）区中排名第一。

铁路方面，作为沟通苏中苏北与沿海等地的重要铁路枢纽节点，目前新长、宁启、海洋三条铁路在海安交汇，盐通高铁开工建设，铁路货场一号线、二号线是目前南通市唯一的货场专用线，海安铁路枢纽被列为全省 6 个重要铁路货运枢纽之一。全县铁路里程 96 公里，铁路路网密度远超省平均水平。

水路方面，千吨级航道连申线航道贯穿境内，将海安与上海、南通、太仓等重要港口城市通过长江一线贯通。海安船闸是南通市仅有的 2 个千吨级双线船闸之一，南通市唯一的千吨级内河港口凤山港可实现内河集装箱运输通江达海。正在升级改造的省级航道通扬线将与连申线在海安交汇，改造完成后海安将形成一纵一横高等级航道网络。全县航道总里程达 574 公里。

养鸡卖蛋是海安人的传统富民之路。上世纪末，“百万雄鸡下江南”闻名全国。勤劳肯干的海安农民餐风宿露，骑着一辆辆绑满鸡笼的自行车，成群结队赶往通沙汽渡过江。

“交通不发达，物流不顺畅，上辈人干得很辛苦。”海安婷婷禽蛋专业合作社负责人杭永兰说。现在，她经营的禽蛋，方圆千里均能做到朝发夕至，

赚钱来得快多了。

经过 10 多年的规划建设，如今的海安，成为省政府明确的两个落户县级城市的省级综合交通枢纽城市之一。

而随着盐通高铁、沪通铁路以及三洋铁路的加快实施，海安将从“动车时代”进入“高铁时代”，国家铁路网中“节点城市”的地位更为巩固。

平台多种，打造最优投资高地

构建枢纽经济发展大格局是海安人的梦想。

交通的密布就像一张网，从这张网中能捕获什么呢？

2011 年起，利用枢纽发展现代物流业，“枢纽海安、物流天下”品牌叫响。时至今日，围绕枢纽经济，海安又唱响建设“产业高地，幸福之城”进行曲。海安围绕江苏东部综合交通枢纽战略定位，立足省级区域性物流中心发展目标，持续推进枢纽经济集聚平台建设。

2017 年 11 月 2 日，海安第 66 个物流周暨海安商贸物流产业园上海招商推介会在上海自贸区召开。上海外高桥企业促进中心有限公司、北大方正物产集团有限公司、上海远盛仓储有限公司等近 80 家塑料、物流、仓储、进出口贸易企业负责人参加活动。

上海浦东现代物流行业协会负责人说，心仪海安，是因为这座城市枢纽经济的特色发展，让上海的企业家感受到，海安有信心成为长三角北翼性价比最高、最具竞争力的投资高地，长三角经济辐射和产业转移的首选之地。

江苏百金汇物流有限公司是上海期货交易所指定的有色金属交割库。走进这家企业，露天整齐堆放的铝锭闪着莹莹白光。像百金汇这样的期货交割仓(厂)库，在园区内共有 5 家，交割品种达到 7 个，它们构成了苏中地区最大的大宗商品交易市场。

在百金汇交割库附近，是海安商贸物流专用铁路一号线、二号线，有色金属、棉花、木材等大宗物资通过它们，在这里集散。公司法定代表人白爱琴说，2018 年 3 月，上海期货交易所同意我们一个仓库铝期货的库容由 2 万吨增加至 3 万吨。

平台建设对枢纽经济的支撑作用不断凸显。海安商贸物流产业园管委会主任吴建华说，从上海引进的亚太轻合金每年需要消耗近 6 万吨的有色金属原材料，过去只能依靠上海、无锡两地的交割库，通过卡车长途运输，现在从海安进货，每年节约的物流成本就达到 300 多万元，有效降低了企业的原料采购和物流成本。

围绕产业需求特点，海安正在谋划建设有色金属、塑料粒子、纺织原料等大宗商品现货交易中心（平台），实现商品交易、商品投资和价格发现功能。以后其他地区企业可以通过平台进行原料采购，由上游企业直接将原料运输到采购企业，减少原料流通环节，在提升海安枢纽辐射效应的同时，进一步降低企业的原料采购和仓储运输成本。

交通枢纽和平台建设的日益完善，吸引了一大批综合交易平台纷纷入驻海安。紧邻海安高速出口的中国东部家具产业基地，已经成为华东地区具有较强影响力的综合性家居交易平台。地处海安核心商圈的华中五金机电城，目前有经营户 400 多家，入驻率达 95%。

产业多元，创新最优转化方式

发展枢纽经济，搭建物流平台，其最终目的是为产业发展。

将枢纽优势转化为物流优势、将物流优势转化为产业优势，海安创新枢纽、物流、产业联动模式，探索先进制造业与现代服务业的“双轮驱动”发展之路。

海安打造“4+4+N”特色产业体系。高端化发展装备制造、现代纺织、

新材料、时尚锦纶四大主导产业，突破性发展机器人及智能控制、节能环保及新能源、新能源汽车及其配件、电子信息及航天航空四大新兴产业，集聚打造家具、石材等消费类特色产业，形成原材料采购、产品研发、生产制造、市场营销的全产业链模式。集中精力攻关突破生物医药、石墨烯、高性能碳纤维等具有一定产业基础、未来发展潜力较大的战略新兴产业。

如果说，上世纪外界对海安的认知还只是一个农业大县，养殖业比较发达、工业相对滞后；今天的海安，则可以说乘上了枢纽经济发展的动车，速度和质量势头看好。

优势俱在、目标已定，海安人上下齐心、埋头苦干。

海安是革命老区、苏中七战七捷的发生地，“铁军精神”一直滋养着海安人。招商引智、项目攻坚，一仗一仗地打，一个一个地突破。四套班子负责人累计外出招商近700人次，组建“一名副科职领导干部、一名企业负责人、一名专业招商人员”构成的政企联合招商小组120个。

连续5年，开展“创新创业在海安”主题活动，累计实施产学研合作项目913个，引进成果转化项目152个，支付合作经费4.8亿元，500多家企业、近200家高校院所建立了紧密型合作关系，产学研合作成果转化率超过60%。

以企业为主体，创新活力不断激发。2017年新增产学研合作项目220个，引进成果转化项目60个，支付合作经费1.1亿元。企业研发费用省级财政奖励企业102家，占全市1/3。

2017年，海安市高新技术产业产值占规模以上工业产值比重达53%，全社会研发投入占GDP比重达2.64%，全市现有国家高新技术企业达149家，有17家企业跻身全国行业前三。

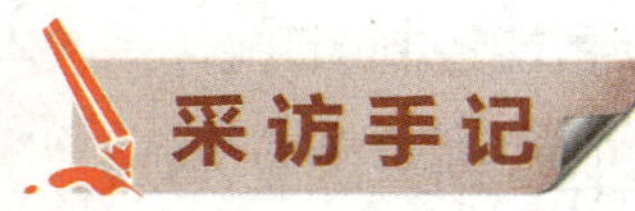

采访手记

条条大路“爱”罗马

“条条大路通罗马”是一句著名的谚语，出自《罗马典故》。罗马帝国为了加强其统治，修建了以罗马为中心，通向四面八方的大道。这里可以比喻为，做成一件事的方法不止一种，前方的路也不止一条，需要我们去发现。

我们在采访中了解到，海安的交通是“瓜藤遍地”，公路、高速、铁路、水道等“品种”较多，每根“藤”上结出了很多“果实”，有物流平台、有实体企业、有商贸园区，等等。不难发现，多年来，海安人的心中有个“罗马”，这个“罗马”，就是从“小六子”升级为“排头兵”，就是实施“枢纽海安、物流天下”战略，就是“全力打造产业高地，聚力建设幸福之城”，就是“在北沿江地区脱颖而出”。这是心中的梦想，也是高质量发展的目标。

海安借助天时地利人和，修看得见的路，交通优势迅速显现；同时修看不见的路，有了这路才能到达心中的“罗马”。用真心真情去招商引资，项目来了；用真心真情去引进人才，项目的高新含量提升了；用真心真情去谋发展，枢纽经济成为一条通向“罗马”的道路。

在长三角一体化背景下，海安已经登上“枢纽经济”的动车，在全力推进枢纽、物流、产业三大优势转换，将各种“营养”集聚起来，满足高质量发展的需要。

海安发展枢纽经济的实践告诉我们，每个地方都会有一条看不见的大路通向“罗马”，路走对了，离“罗马”就会越来越近，走的过程中，关键是要付出“爱”，这“爱”就是要用新思想指导新实践，用新作为实现新目标。

本报记者　赵勇进

海门：江海联动，融合开放大通道

文 /《南通日报》采访组

2018 年 7 月初，2018 中国县域经济百强榜出炉，海门首次进入前 20 强，居第 18 位，较 2017 年晋升 4 个位次，名列江苏第 7 位，苏中苏北第 1 位。

2017 年，海门装备制造业产值突破 1200 亿元，成为继建筑业、家纺业之后第 3 个千亿级产业。上半年，共签约超亿元产业项目 121 个，其中超 10 亿元项目 27 个，总投资超千亿元。

海门市委书记陈勇说，优势在江海，机遇在江海，海门发挥区位、资源优势，加大载体平台建设，主攻大项目集聚产业，创新体制机制，实现江海联动，港产、港城、区镇融合发展。

江港变迁，建造豪华邮轮基地

58 公里长江岸线，其中深水岸线达 10 公里。

2014 年 12 月 17 日，由海门开发区和南通开发区合资的南通通海港口有限公司注册成立。作为南通港的重要组成部分，海门加快了沿江港口——通海港区的开发建设。

通海集装箱作业港区是通海港区的核心区，岸线长 2478 米，规划建设 8 个 7 万吨级集装箱泊位。一期工程总投资约 22 亿元，2016 年 6 月开工，2018 年 6 月底开港。958 米的长江岸线上，建有 3 个 7 万吨级泊位及 1 个 5000 吨级内档泊位，码头平台与后方陆域通过设置 3 座引桥衔接，堆场共布置 12 个区块。

“作为一个新港口，我们将港区建设成为长江流域标杆性现代化集装箱港区，”南通通海港口有限公司董事长吕东芹介绍，“目前，二期工程前期手续报批工作已经启动，计划 2019 年底开工建设。”

海门的江港时代可以追溯到 100 多年前。青龙港，一个与沪上的十六铺、大达码头对航的客运码头。青龙港研究人士刘凌说，对于每一个有些年纪的海门人来说，青龙港是最早连接起江北农村到大上海的淘金之路、梦想之路。上世纪 80 年代前后，青龙港年客运量 300 余万人次，全年港口货运量 90 万吨。

随着海太汽渡的通航，青龙港的航班逐步减少。在 1999 年 4 月开出最后一班客轮后，青龙港至上海、浏河的客运轮渡相继停航；2002 年 11 月，青龙港至牛棚港的崇海汽渡搬迁后，青龙港结束客运使命。

青龙港退出历史舞台，是海门江港时代转型升级的必然。如今的通海港区，已经成为海门战略性新兴产业的高地，吸引了一大批世界 500 强、中字头、国字号大项目的集聚。

省级装备制造产业园、省级汽车零部件产业园、省级科技研发外包产业园和现代建筑材料产业园等特色园区成了优势大项目的首选地。仅宝钢集团、招商局集团、中远集团、中国建材、中国能源、光大控股等 10 家央企就先后在沿江布点 15 个大项目，总投资超过 400 亿元。

2016 年 3 月，招商局重工两艘第二代 40 万吨矿砂船合同生效。2017 年 12 月 11 日，第一艘船下水；2018 年 6 月 14 日，第二艘开始海上试航。3 月 16 日，为豪华邮轮制造积蓄经验的第一艘极地探险邮轮开工，这也是国内自主建造的首艘邮轮。

豪华邮轮是“中国制造 2025”九大新兴产业之一。近两年来，招商局重工充分依托港口优势，投资 200 亿元在海门打造豪华邮轮生产基地。

2017 年成功招引国外 30 多名从事海工研发的专家，攻关豪华邮轮核心技术。6 月 23 日，豪华邮轮项目联合工作组召开第四次会议，就推进豪华邮轮制造基地、邮轮配套产业园及国际社区项目快速落地、快速开工事宜进行专题协商，确保豪华邮轮项目 9 月底开工建设。

海港升级，打造一类开放口岸

海门港新区，在清嘉庆年间，是淮南十大盐场之一。出海口东灶港 22 个码头连成一体，是一个天然的渔港。

建设升级版的海港，让海门真正成为通向大海之门，这是百万海门人的梦想。

“十一五”期间，海门未雨绸缪，通过基础设施建设，将沿海岸线从 3.6 公里拉长到 25 公里。2012 年 12 月，海门港新区设立。

2013 年底，海门港开通南通沿海第一条集装箱航线；2014 年 8 月，海门港一类开放口岸成功获批。为此，海门港抓住机遇，采取加密航线班次、航线对流、打造中转基地等方式，吸聚更多的货物在海门港中转。

2015 年 11 月，海门港 5 万吨级通用码头开放通过国家级验收。至此，海门之海港大门，正式面向大海敞开。港口当年的吞吐量达到 100 万吨。

港口开放，促进了海门港新区的发展。

铁锚工具有限公司位于海门港新区，创始之初主要为其他企业加工、组装。从 2007 年起，该公司逐步创立自主品牌，产品远销欧洲、东南亚、美洲等国家和地区，外贸出口额每年以 20% 的速度递增。

近年来，海门港新区抓住崇启大桥通车、海启高速公路开建等新机遇，充分放大沿海开发优势，树立“面向大海、对接上海”发展战略，并建立招商中心，组建了 29 人的专职招商团队，分成 9 个组，开展驻点招商。

江苏至卓特种门业科技有限公司主要从事特种钢门、特种钢木门以及高档工艺门的生产。该项目由上海至卓特种门业有限公司和上海创安装饰有限公司共同投资。年产 5 万樘钢质特种门、2 万樘钢木质特种门，年销售突破 2 亿元。这是海门港新区引进的上海产业转移项目的一个实例。

海门港新区借用港口优势，招引项目主要集中在新材料、电子信息和先进装备制造业。总投资 8 亿元的金由新材料项目入选工信部强基工程扶持项目，企业研发生产的高性能聚四氟乙烯纤维及滤料产品市场占有率极高；总投资超 10 亿元的燕达重工的客户来自世界 500 强企业；江苏上德电子科技有限公司成立于 2017 年 11 月，致力于多串并锂离子电池模组的研发、制造和销售，主要用于新能源汽车；鑫铠塑胶项目由上海宇麒橡塑制品有限公司建设，总投资 1.1 亿元，研发、生产各类电梯扶手、轮胎骨架材料等产品；贵州航天南海科技有限责任公司隶属于中国航天科工集团第十研究院，主要生产高精度大功率电子铜带和引线框架，租用了申港新材料制造基地的厂房。

海门港新区作为海门沿海开发的前沿阵地，目前正在全力推进装备制造产业园、新材料产业园、电子信息产业园等平台建设。

江海共鸣，崛起新型制造产业

靠江靠海的海门，发展进程中充分运用江海开放的优势发展先进制造业。

20 多年前，国内焊接机械专家、南通振康焊接机电有限公司董事长汤子康在市场调研中获悉，我国焊接机械核心技术——印刷电机被日本等少数国家控制。之后，汤子康通过艰苦卓绝的技术创新，研发生产的系列焊接机械，击败日本对手，市场拥有量占据亚洲的 80%。当年苏通大桥最后一块合龙钢板焊接就由振康生产的焊接机械完成。

2010 年，汤子康敏锐感到，未来的世界是机器人的世界，工业机器人

市场潜力巨大，而国内的工业机器人核心技术——RV减速机主要从日本进口。汤子康再次攻关，破解了国家“863”课题组一直未能解决的技术难题，成功开发中国人自己拥有自主知识产权的工业机器人用RV减速机，2017年销售超过1万台。最近，深圳一家公司下单5000台。2017年，该公司实现应税销售2.24亿元，同比增长41.4%，入库税金2118万元，增长58.2%；2018年应税销售、入库税金将同比翻番。

近两年来，海门市委、市政府以系统性思维统领发展全局，实现制造业在创新转型中做强做大，由制造业大市向制造业强市的升级。上半年，被省政府表彰为全省制造业创新转型先进地区之一。

近两年中，海门新引进并开工建设的150多个亿元以上制造业项目中，新兴产业项目占比超过六成，石油钻井平台、液压成套装备、“轻量化”汽车配件等一批高端项目的实施，使得海门制造业在国内外众多同行业中居于领先水平。

海门一批制造行业“小巨人”脱颖而出，中兴能源装备有限公司被工信部确定为首批全国制造业单打冠军企业，冠东模塑股份有限公司成为全国首个汽车光亮化配件生产商，南通油威力液压有限公司成为全国液压行业前三强……

“我们能够成为全国制造业单打冠军，借助的是海门依托江海的开放优势，以及愿意到海门这块江海宝地发展的人才的支撑。”中兴装备公司董事长仇云龙说。中兴装备与院校联手研发的“核岛用高性能关键金属构件精密塑性成形技术及装备”获得省科技进步一等奖。上海航天精密机械研究所投资10.8亿元的轻合金新材料项目、江苏当升科技投资11.6亿元的锂电池正极材料项目等一批优质制造业项目成功落户海门。

“在海门制造业企业中涌现了一批创新能力极强的企业。”海门市发改与经信委主任钮健说。到目前为止，在全市大中型工业企业和规模以上高新技术企业中，研发机构建设实现全覆盖，其中各类省级以上企业研发机构总数超过 70 个。近两年，两项制造业科技成果获得省科技进步一等奖；2017 年，3 个项目获省科技成果转化项目立项，立项数量超过南通全市的 1/4，建成南通市级以上智能车间 5 个。

江海“思维”共潮生

40 年改革开放的实践证明，担负起新时代党的历史使命，需要解放思想，需要勇立潮头。解放思想就是打破习惯思维和主观偏见的束缚，用新思路研究新情况，解决新问题；勇立潮头就是勇于走在改革开放的前沿，步子走得比别人快、办法想得比别人新。

在海门采访，听他们讲，“蛟龙”号第一副总指挥、教育部“长江学者”特聘教授崔维成是海门人。他在一次论坛上说：“大家都说创新有很多的技术瓶颈，但卡脖子的不是技术，是我们自己的思维。”

看来，思维畅通不畅通、新颖不新颖，就会影响我们的发展速度和质量。海门借助区域优势，实施江海联动，拉大了发展的步子，提升了发展的档次。这种融合发展的思维值得借鉴。

海门在沿江、沿海开发中，做到江海联动，并运用江海优势发展先进制造业，这是系统思维的实际运用。这是海门新一轮解放思想、追赶超越、争当先锋的资本，也是创新发展的新路径。海门未来在高精尖制造产业上，应发展具备战略转折点意义的新

兴产业，以后发优势弯道超车、换道超车。驭势科技有限公司CEO、原英特尔中国研究院院长吴甘沙说，大到一个国家、一座城市，小到一家企业、一个个人，必须选择站在时代的潮流之前，去从事最能够影响人类命运的技术革命，做时代潮流的驾驭者，而不是跟随者。

春江潮水连海平，海上明月共潮生。改革开放再出发的路上，我们要始终解放思想、勇立潮头、敢为人先，不走封闭僵化的老路，把新思想与变化了的客观实际结合起来，克服那些不符合实际的习惯思维和主观偏见，用发展变化的观点创造性地投身到高质量发展中去。

本报记者 赵勇进

如东：沿海开发，崛起千亿产业带

文 /《南通日报》采访组

南黄海边，风光无限。巨轮进驻的阳光岛码头，长龙卧波的黄海大桥，伫立潮头的海上风电机组，构成一幅洋口港开发的壮美画卷。

在漫长的岁月中，这里曾是人迹罕至的海角荒滩。40 年前，这片潮起潮落的滩涂，依然只见渔民捞鱼摸虾踩文蛤的身影。

上世纪 80 年代初，国内专家在北渔乡岸外发现了一条直通太平洋的深水通道。在长江口北翼建设 30 万吨直通国际航道的深水大港——洋口港的历史性进程，就此拉开大幕。以洋口港开发建设为龙头，如东积极抢抓江苏沿海开发、“一带一路”、长三角一体化等叠加机遇，推动全县经济社会不断取得突破性进展。

“争当江苏沿海崛起的排头兵，我们高起点规划，高标准引进项目，今天的如东沿海已经成为新能源、新材料、智能通讯与电网装备等产业集群化发展的高地，千亿级新兴产业带正在崛起。”如东县委书记潘建华告诉记者。

圆梦洋口港，龙头牵引临港产业

骄阳似火的 7 月，走进洋口港临港工业区，到处可以感受到项目推进的滚滚热潮。

由江苏威名石化有限公司投资建设的热电联产、尼龙 6、环己酮 3 个

项目正在调试设备，近两个月内陆将续投产。威名石化是台湾“中国石油化学工业开发股份有限公司”在大陆设立的全资子公司，公司高层多次考察直通国际航道的洋口港，决定总投资超 300 亿元，在大陆建设第一个化工新材料生产基地。

厂区所在的这块土地，在建港之前，还是一片风吹草低的滩涂。没有洋口港的开发，就没有如东沿海产业带的崛起。

改革开放之初的中国版图上，从长江口至连云港南，近千公里的淤泥质海岸线上无一港口。为了揭开南黄海千古奥秘，如东请来国内顶尖专家学者勘察论证。上世纪 80 年代初，王颖院士等一批专家经过艰难探索，终于探明洋口港所处辐射沙洲中的最大潮汐通道为 3 万年前古长江入海的主干道，是建设 10 万—30 万吨级海轮泊位的优良港址，可建成江苏最大的出海大通道。

在平原淤泥质海岸建港，中国港口史上没有先例。2018 年已经 83 岁的老港口人周树立回忆，1986 年秋，时任县滩涂局副局长的他，带着全县人民的重托，远赴天津向国内著名港口设计大师顾民权求计。当他得知顾民权在秦皇岛开出的火车上，为怕再次错过，周树立想方设法登上那列火车，通过播音找到从未谋面的顾总工程师。顾民权被这种锲而不舍的精神所感动，三天后就踏上如东的辐射沙洲实地勘测，提出了构筑人工岛建码头、完成岛陆连接等初步设想，为洋口港的前期开发指明了方向。

为了圆一个东方大港梦，经过如东六届县委、县政府推动，洋口港在 2003 年进入实质性开发。如东人举全县之力，发扬负重奋进的“海子牛”精神，克服千难万阻，相继建成阳光岛作业区、临港工业区和直达阳光岛的 12.6 公里黄海大桥、管廊桥等大型基础设施。2008 年 10 月 28 日，洋口港实现初步通航。

到 2014 年初，洋口港完成第一个十年开发周期，中石油江苏 LNG 项目带动港区实现产出回报。同年 8 月 10 日，国务院批准洋口港一类口岸对外开放，进入了中转进出口货物的新阶段。开放的洋口港向世界敞开怀抱。

近年来，洋口港始终突出港口的龙头地位，临港产业不断谋求新突破。洋口港经济开发区借助临港工业区一、二、三期 4.5 万亩土地充裕的优势，精准布局新材料、新能源、装备制造等产业板块，从“引资”向“选资”转变，主攻链式发展的优质项目招引，为经济转型发展集聚起强劲动能。

目前，临港工业一期已落户超亿元新材料项目 30 多个。2018 年上半年开工的 8 个亿元项目，其中 10 亿元以上重特大项目就有 3 个。

聚焦大项目，创新打造百亿园区

河口，曾经是如东纯农业镇。改革开放前，很多如东本地人也不熟悉这个偏僻之地。

1998 年 9 月 28 日，一声巨响，高高耸立的河口砖瓦厂烟囱轰然倒塌，这个乡办企业告别“秦砖汉瓦”，实现华丽转身，踏上发展光纤、电缆和通信产品的创新之路。

当时的“河口砖”还是受追捧的抢手货，人们对企业的掌门人薛济萍的“跨界”经营充满疑惑。“做砖头缺乏科技含量，没有远大前途。作为原料的泥土资源越来越少，及早转型势在必然。”如东靠海，薛济萍的转型创业之路，选择了与海结缘。

海底光缆被誉为光电传输领域“金字塔的塔尖”，当时中国还不能制造海缆。薛济萍决心打破坚冰，瞄准世界海缆科技发展的最前沿，开始全力冲刺。

1999 年，中天科技成功研制出第一根用于长江的水线光缆。2000 年，中天科技建成自主设计的完整生产线。在薛济萍的带领下，中天科技掌握

了深海光缆的关键技术，成为国内最具竞争力的海缆企业之一，产品出口海外 140 多个国家和地区。

中天科技集团 2017 年营收达到 446.5 亿元，在其“根据地”河口工业园区的应税销售已经突破 100 亿元。依托科技创新，中天科技制定了宏大的战略规划，到 2025 年，集团销售收入将达 1000 亿元。

中天科技这样的“小巨人”企业脱颖而出，是如东紧抓重特大项目这个“牛鼻子”的典范。改革开放特别是党的十八大以来，如东形成以六大平台为主体和镇工业园区为补充的产业承载体系，集中财力、人力和土地等要素资源向优质大项目倾斜，形成经济跨越发展的突破口。

7 月 18 日，记者走进位于如东沿海经济开发区的风电母港重装基地，只见工人挥汗奋战在通向航道的码头基础施工工地上；南侧机器轰鸣，一台台空气锤正在为投资 5 亿元的上海电气如东大型海上风电智能制造项目、江苏海力年产 20 万吨海上风电场配套设备制造项目的厂房打入桩基。两个项目建成达产后，将年新增销售近 30 亿元。

如东沿海经济开发区在盐碱地上拔地而起，2018 年上半年实现应税销售接近 150 亿元，正朝着年销售 500 亿元阔步迈进。来此安家的世界 500 强企业 4 家，上市公司 19 家。著名的德国巴斯夫公司在中国沿海跑了 16 个城市，最终把农药制剂生产基地定在这里。2012 年，该区实现工业应税销售 100.36 亿元，成为南通沿海第一个百亿园区。

与如东经济开发区手挽手挺进百亿园区的，还有如东高新区。创建于 1987 年 5 月的大东公司，是如东县第一家中外合资企业，为全国毛巾行业十强企业之一。“洋厂土办”不丢创新本色，驱动企业做优做强，2018 年初，由日本国株式会社英瑞和南通大东有限公司共同出资 5000 万美元注资成立的越南大东有限公司在越南广宁省海河县正式投产。

昔日沿海荒滩已经成为盛产绿色 GDP 的黄金宝地。一批又一批投产项目释放产能，上半年全县工业应税销售达到699.8亿元，同比增长24.1%。近期，总投资450亿元的金光高档生活用纸项目、总投资200亿元的香江东湖旅游项目、总投资50亿元的协鑫LNG接收站项目已经落户。

风电起宏图，“海上三峡”勇立潮头

风从海上来。地处黄海之滨的如东，具备发展海上风电的天然优势。这里地质条件稳定，风力资源平均风速高、湍流强度小、风能分布集中稳定，可利用小时数高。

自2004年国家第一个风电特许权项目落户如东以来，全国首个潮间带风电场、首个海上风电试验风场、首个符合“双十”规定的近海风电示范项目、首个单体规模最大的海上风电场先后在如东建成投产。10余年来，如东风电产业不断发展壮大，成为全国沿海领先的风力发电基地和风电装备制造基地。已有7家企业累计投资300亿元，18个风电场相继建成投产，总装机容量达到180万千瓦。现今的如东，已成江苏“海上三峡”的排头兵和主阵地。

“别看这塔筒就是简单的焊接，每焊接一道缝就需要60小时。”在江苏海力风电设备科技有限公司，总经理沙德权指着国内首台海上6兆瓦大功率风机塔筒告诉记者。“海力风电”是国内首家专业制造陆、海风电场风机塔架及海上风机单桩、多桩导管架承载平台的生产型企业，2017年跻身全球新能源企业500强。

“我们生产的叶片长83.6米，是目前国内最长的海上风电叶片，在同类风区中，发电效率可增加12%。”重庆通用工业（集团）有限责任公司董事长、总经理刘忠堂对他们拥有自主知识产权的“巨无霸”叶片充满自豪。

重通成飞生产大功率风机叶片，海力风电生产2兆瓦到6兆瓦的大功率风机，中天海缆生产海上风电场建设急需的三芯大长度海底光电复合缆，这些风电领域的高端前沿产品，已形成产业链，具有国际话语权。

如东海上风电特色产业基地入选国家火炬特色产业基地，绿色起飞风正劲。我国海上风电产业刚刚起步，拥有数万亿的市场蛋糕。

2015年12月6日，如东县委、县政府牵头成立全国首家风电行业产业联盟组织。2017年，如东新能源及其装备产业应税销售达到200亿元，2018年上半年达到110亿元，同比增长22.8%。作为如东倾力打造的新兴支柱产业，“十三五”期末全县海上风电装机规模力争达到260万千瓦，打造全国领先的海上风力发电基地。

凭海临风，一幅清晰的海上风电产业图景已呈现在世人面前。

弄潮儿向涛头立

面朝大海，在南通210公里的海岸线上，坐拥其中106公里的如东占了半壁江山；望海兴叹，如东人曾在有海无港的困局中等待了千年。

在采访中，一位老者说，县城掘港的得名，不就反映了如东先民开掘海港的梦想吗？如东人直挂云帆济沧海的大港梦，乘着改革开放的浩荡春风，终于从梦想照进了现实。随着国际航道的直通，昔日偏居海隅的扶海洲，一跃成为沿海开发的主阵地。

洋口港崛起于南黄海畔的发展进程，正是一个思想解放的心路历程。从上世纪80年代开始，围绕要不要建港、能不能建港、建什么样的港，一连串的问题讨论了20多年。诚如当年那场关于真理标准的大讨论，如东人用筚路蓝缕的实践，给出了强有力的答案。

如东县委、县政府历任领导一任接着一任干，举全县之力开发深水大港，开创在淤泥型海岸建港的先河。在海平面以下6米的沙洲上筑起中国首座外海无遮拦人工岛——阳光岛，以此为依托建成了全国接卸能力最大的LNG接收站。江苏“海上三峡”也发轫于如东沿海，在全国率先布局风电绿色能源项目，打造出亚洲最大的海上风电场。

如今，获批国家一类开放口岸的洋口港，在如东社会发展中具有举足轻重的地位。“港口引领”已成县域经济的首要战略，“产业港，能源岛”的定位更加明晰。随着港口能级持续提升，平台载体建设加快，为如东及全市的沿海开发积蓄了强大动能。“东方深水大港、绿色能源之都、黄海旅游胜地”的绚丽画卷，正在南黄海之滨徐徐展开。

弄潮儿向涛头立，手把红旗旗不湿。走进新时代，站在新起点，如东又迎来了新的风口。在争当“一个龙头、三个先锋”新实践中，努力成为全省沿海崛起龙头的新使命，召唤着百万如东人民奋力追赶超越，在改革开放再出发的路上争当先行者。

本报记者 张坚

通州：链式发展，培育产业大集群

文 /《南通日报》采访组

『通州篇』

通州筑牢“3+3”产业体系，主攻新一代信息技术、汽车及零部件、智能装备新地标产业，创新发展建筑、家纺、船舶海工优势传统产业。

通州产业链和创新链深度融合，将研发资源引入企业，转换成产业爆发力。近三年来，累计实施亿元以上产业项目 262 个。

2018 年，通州提出打造具有区域影响力的产业腹地、创新智谷、城市绿洲、幸福家园。

打造产业腹地，通州加强产业链全景图和招商线路图研究。区委书记陈永红说：“从做增量、优存量、提质量和扩容量四个方面，做好项目补链、扩链、强链，从而发展壮大产业集群，推动经济高质量发展。”

瞄准“现代”，家纺产业链越做越长

南通家纺城是全国最大的家纺市场。

7 月 24 日，一辆辆装着工业废料的三轮车，陆续驶到南通雅欣废旧物资回收有限公司，工作人员不停地卸下废料，称重、分类、打包。公司负责人陈敬总说：“我们主要负责南通家纺城温州路沿线附近企业的废料收购，日收 30 吨。”

改革开放之前，南通家纺城的所在地志浩村是一个偏僻的地方，当地人为了增加点“外来收入”，开始做绣花枕套。1987 年，志浩村 21 名农民开始创建志浩村绣品交易市场，一户带着一户干，30 多年来，全村 95% 的人都在家纺产业链上找到活儿。

10 多年前，通州出台激励措施，倡导“人人创造社会财富、大力发展民营经济”。千家万户创业，特别在川姜镇及其周边，形成了一条从纺纱织布到成品销售，甚至废品回收的完整产业链。

川姜镇川港居的张春华，于 2005 年创办浆纱厂。他目睹了从摆地摊到志浩市场的形成，再到南通家纺城崛起的发展历程。他说：“我现已退休，是家纺的转型迫使我关闭工厂，现在进入互联网时代，看到年轻人干得风生水起，我只有羡慕的份。”

通州通过政策引导，创新平台搭建，鼓励大众创业，探索出一条适合传统家纺产业转型升级、拉长产业链之路。2012 年开始，重点推进电子商务、现代物流、文化创意等现代服务业发展，培育了家纺电商、众包设计、C2B 定制、微供营销等新模式。

2016 年 2 月，通州“互联网 +”行动计划成效显著，作为全省唯一典型受到国务院大督查情况通报表扬。

找货网在南通家纺城上线运营已经两年。该网是全国家纺行业首家垂直 B2B 电商平台，通过整合仓储、物流、金融资源，结合 IT 信息化，提升中小型企业仓储及物流周转率。

如今，通州家纺集聚电商企业 5000 多家，交易额超 200 亿元，电商产业链日臻完善，从业者 2 万多人，成为新一轮创新创业大军。

目前，通州家纺产业链上，拥有 8000 家商户、2800 家工厂、规模以上企业 200 家。据统计，全国家纺行业 50% 的卖家在南通，70% 的货从南通发出，通过快递的日均 80 万单左右，而通州占了半壁江山。

中国纺织工业联合会副会长、中国家纺协会会长杨兆华说：“通州借助产业集聚优势，让产业链不断更新、延伸，其转型发展、创新发展、链式发

展，走在了全国家纺产业前沿。”

对准“新兴”，汽配产业链越做越强

7 月 23 日，江苏博沃汽车电子系统有限公司车间内，工人们正在加紧生产。该公司 2016 年落户通州，一期投资 1.2 亿元，年初投产，2018 年可实现销售额 1.5 亿元。

董事长季林冲说：“通州作为长三角重要的经济区域，将会成为博沃整合技术、制造、供应链资源的一个助推器。通过上、下游产业链的整合，力争在 5 年内成为一个技术领先的规模化汽车电子领军企业。”

一个产业集群的兴起，离不开龙头企业引领。

雄邦压铸是南通高新区首家引进的压铸企业，从 2010 年开始，在雄邦的牵线下，广东鸿图、鸿泰、鸿劲等国内压铸龙头企业先后落户南通高新区，仅五六年时间，就形成“企企相依”的汽车配件、精密机电产业链，引来上下游关联企业 60 多家。2016 年，南通高新区获“中国压铸产业基地”称号。

2017 年初，总投资 4 亿元的南通众福金属制品有限公司落户通州，之后该企业介绍引进了总投资 6 亿元的旭东汽车零部件、总投资 2.7 亿元的莱捷压铸和总投资 10 亿元的嘉朗压铸项目。嘉朗压铸 2017 年 9 月开工，2018 年底可投产，可形成年销售 12 亿元、纳税 8000 万元的规模。公司负责人李健强说：“落户通州，正是看中南通高新区的压铸产业基础以及产业集聚效应，这对公司发展十分有利。”

目前，通州正在从单一的汽车压铸零部件向超大规模储能装备、汽车电子、整车设计和系统集成等领域延伸拓展。目前，通州共有汽配企业 35 家，其中规模以上企业 18 家，上半年，实现产值 107.37 亿元，同比增长 16.1%。亿元以上在建项目 10 个，一个百亿级汽车零部件产业板块，一条汽车特色产业链已经形成。

改革开放之初，通州的产业重点放在机械行业。1990 年，开展工业经济结构调整，至 2000 年，初步形成纺织、针织、印染、服装、丝绸、轻工、化工、电子、机械、冶金、建材、医药、食品等 20 多个工业门类。

通过时间的沉淀，2008 年，初步形成纺织服装、机械电子、船舶海工、食品、新能源五大产业，且集聚度较高。

目前，形成了“3 + 3”产业体系，光伏太阳能、汽车压铸、智能电网、电子信息、风电装备等新兴产业的产业链已经形成。

2017 年，通州全区实现工业应税销售 1037.7 亿元，同比增长 15.5%；规模以上工业新兴产业实现工业总产值 861.74 亿元，同比增长 13.4%；完成工业投资 373.9 亿元，总量全市第一。

看准“智能”，装备产业链越做越精

7 月 24 日，我们看到在德尔福连接器系统（南通）有限公司的智能车间内建有“空中高铁”，原材料由一辆辆小车自动传输到每一台机器。

公司运营总监沈家丰说：“原来一条生产线需要 5 个人去完成，现在只需 1 个，车间用工从 800 多人减少到 650 人。”上半年，德尔福的汽车线束连接器智能生产车间被评为省级示范智能车间。

近年来，通州区引导企业不断加快应用自动化、智能化装备改造，围绕设计、生产、管理、服务等智能制造各环节加快智能车间建设，提升智能制造水平和市场竞争力。

6 月 29 日，南通空港、顺丰丰泰——顺丰南通智慧电商产业园签约。该项目总投资约 10 亿元，建设辐射华东的顺丰速运分拨中心智能处理中心、智能仓储基地。项目投产后，年纳税将不低于 3700 万元。

在传统产业走新型工业化道路的同时，通州推动新型储能、汽车零部

件、智能装备、电子信息等新兴产业加快创新步伐，着力培养一批特色智能产业。

在丽智电子(南通)有限公司智能生产车间内，一颗颗芝麻粒大小的贴片电阻经过印刷、镭射切割、折粒等工序，最后进入测试包装站，测试合格后，包装成一卷卷的卷轴，运往全国各地的下游企业。公司业务副总经理宋旭官说："一期项目，我们主要是以研发、生产电阻为主，今后每年的销售额将以 25% 的速度递增。"

机械装备是通州支柱产业之一。近两年来，通过引"智"，以技改、引进新生产线等形式，推动产业由制造向"智"造迈进，不断提升核心竞争力。江苏甬金金属科技有限公司设备智能化改造后，效益递增明显，上半年实现应税销售 24.58 亿元，同比增长 62.15%。

在推动装备智能化进程的同时，实现高校技术创新链和产业链双向融合。2017 年，广东鸿图南通压铸有限公司投入 1 亿元研发的 50T 总装自动线于 2018 年 3 月份开始试生产。这条生产线从机加工、组装到在线监测以及最后的产品清洗，全部实现自动化操作。

公司工程技术中心副经理周海军介绍，该项目是为上汽通用"量身定制"的配套项目，用于生产新一代发动机核心部件，可形成年产 30 万套下缸体的生产能力。

目前，通州已建成省级示范智能车间 6 家、市级示范智能车间 11 家，总量位于全市前列。

“双线”打造产业链

经济发展的高质量，一定程度取决于产业发展得如何。在通州采访，感触最深的是，通州人将打造“产业腹地”作为全区的中心工作，常年抓在手上。

从历史维度看，通州的产业是“双线”发展。一条线是，通过不断调整、优化，使重点产业集聚起来；一条线是，通过转型、引进，使重点产业延伸起来。“双线”并进，形成了产业大集群，形成了上规模的产业链。

一个产业有没有形成顺应发展形势、满足市场需求的产业链，关系到这个产业的未来发展。发展经济，推动产业高质量发展，光有干大事、创大业的雄心壮志还不够。更需要我们以敏锐的眼光、独特的智慧，参与到产业发展的竞争中去，比谁更能摸准未来产业的走向，比谁更能朝着一个目标坚持不懈地走下去。

这种“较量”，就是我们在产业发展过程中，拿什么样的手段去“追赶超越、争当先锋”。就企业而言，没有上下游企业就近配套，就会影响产品的生产、销售及成本控制，市场一旦“感冒”，企业就会跟着“打喷嚏”；就产业而言，没有形成集群，就形不成地方特色和主导，也不会有经济支柱的产生。“较量”的最高境界是形成特色鲜明的产业链，在区域经济中脱颖而出。

无论是对企业还是对产业来说，高质量发展的实质已演化为产品链竞争和产业链竞争。从通州的实践看，企业沿着产业链进行投资，与相关、配套企业链式发展，推动产业链整合、成型，用产业链整体效率和风险分担去展开市场竞争，无疑是明智之举。

区域经济的竞争，表面上看是市场的竞争，实质却是其背后产业链的“较量”。

本报记者 赵勇进

南通开发区：项目引领，江海大地崛起“金南翼”

文 /《南通日报》采访组

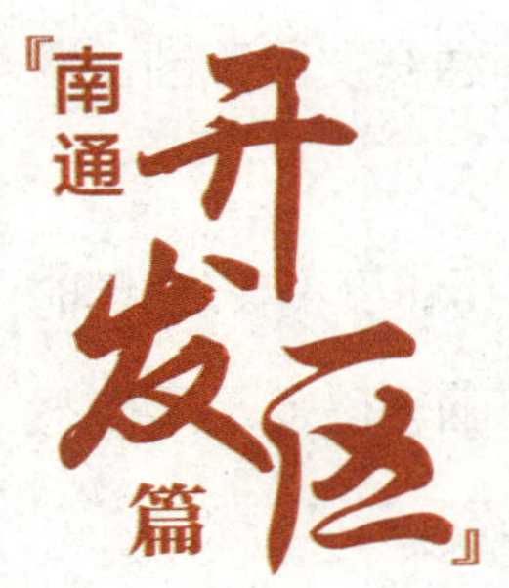

新增工商登记注册外资8.7亿美元，增长102%；实际利用外资4.2亿美元，增长47%；新批外资项目16个、增资项目10个，其中总投资3000万美元以上项目14个；在上半年度产业项目建设考核中列全市九单元第1名、开发园区第1名……2018年上半年，在项目建设上，南通开发区捧出一份令人瞩目的成绩单。

“开发区是项目建设的主阵地，项目也是立区之本。南通开发区自1984年建区伊始，就坚持项目引领，招商引资、项目建设成为南通开发区建区30多年中最具特色的亮点。只有全力打好项目建设攻坚战，我们才能保持十足的底气，才能不断集聚源源不断的发展动能，才能把南通的‘金南翼’建设得更加美好。”南通开发区党工委书记羌强说。

深耕转型，发展动能不断积蓄

有数百年历史的老牌跨国制药企业德国默克来了，互联网领域的巨无霸阿里巴巴登陆了，业界翘楚日本东丽、大王在这里数度增资、精耕细作……

在南通开发区的大地上，一个个项目落户、开工、运营，带来蓬勃的生机，也带来源源不断的发展动能。

统计显示，2018 年上半年，南通开发区工业应税销售收入 605 亿元，增长 20%；服务业应税销售收入 710 亿元，增长 18%；一般公共预算收入 33.28 亿元，增长 38.3%；工业用电量 22 亿千瓦时，增长 6%；进出口总额 36.5 亿美元，增长 25%。

一串串亮眼的数据，勾勒出南通开发区这片热土在经济发展上的良好形态。

项目是南通开发区的根本，在 30 多年的时间里，南通开发区不断谋求以项目为引领，谱写出一曲慷慨雄壮的转型发展之歌。

“建区之初，还是一个拓荒期，主要是做好‘筑巢引凤’工作，10 年时间引进了当时处于国内技术先进水平的录像带项目、电脑软磁盘及硬磁盘项目等。”南通开发区管委会招商局局长高栋梁回忆说。

此后，从上世纪 90 年代中期开始，众多跨国公司纷纷在区内兴办外商独资或中外合资企业，其中化纤制造及织染、农用化工、合成橡胶等项目，均处于国内领先地位。在此期间，中天科技、江山农药化工股份有限公司、罗莱家纺、通惠生物科技等新老内资企业也在区内取得空前发展，并跻身国际、国内市场先进行列。此前在区投资的东丽、帝人等外资企业，也不断在成长中发展壮大，在新世纪开启之际，或扩大投资规模，或引入新的合作伙伴，或延伸产业链、扩大产业群，或开拓新的领域。

转型升级之路也在此刻悄然生发。由原来的传统化工、服装类比较集中，转变为电子机械、新材料、服务业等为主。高栋梁仍然记得，2005 年，在他的诚意打动下，美国通用电气一负责人答应从上海来南通开发区考察。在轮渡上，负责人问高栋梁：“如果落户南通开发区，我们企业的未来在哪里？”此时，江风吹散雾气，正在建设中的苏通大桥主桥塔刚刚冒出水面。高栋梁灵机一动，指向桥塔：“这就是你的未来。”

故事没有结束。在南通开发区投资两年以后，美国通用电气把这块业务剥离给美国一家私募基金，现在叫迈图高新材料，当时投资7800万美元。而到今天为止，整个迈图高新材料已经把其在深圳的研发中心、在上海外高桥的工程技术中心全部搬迁到南通开发区，总投资已经超过2亿美元。

也是以此为发轫，南通开发区在转型升级的道路上越走越宽，目前，新一代信息技术、新型服务业等新兴产业蓬勃发展，描绘出更加美好的未来。

创新平台，体制机制不断完善

7月17日上午，上海虹桥国家会展中心洲际酒店高朋满座，2018长三角数据智能（上海）峰会正在召开。位于南通开发区内的南通大数据产业园被授予长三角大数据应用服务贡献奖，这也是我省首个大数据产业园区的专业奖项。

南通大数据产业园分东、西两个板块，目前西区已有50多家企业入驻，东区500亩规划正在实施。南通经济技术开发区党工委副书记董克新说，“南通大数据产业园将打造成长三角大数据产业发展的高地，南通国际数据中心产业园和南通大数据产业园的建设，将对南通建设华东地区重要信息港、培育千亿级大数据产业起到重要支撑作用。”

据了解，随着阿里项目成功落户、园区70%的招商任务完成和2018年2月13日国家工信部授予南通国际数据中心产业园为“国家新型工业化产业示范基地（大型数据中心实时应用类）”，南通国际数据中心产业园建设已经取得了阶段性的重要成果。

长久以来，南通开发区一直致力于创新平台建设，除了大数据产业园外，还高起点规划建设了智能芯谷、感知元器件产业园。南通综保区全面封关验收工作加快推进，通海港区码头正式开港运营。

创新平台，可以承载更多项目。完善体制机制，提供更好的服务，也可以吸引更多项目落户。南通开发区管理体制的基本特征是“小政府、大服务”，机构高度精简，寓管理于服务之中。在建区的30多年间，区里始终遵循“为投资者服务，让投资者盈利”的宗旨，不断提升服务功能。现如今，开发区已做到“每日晨会、每周例会、每旬督办、每月点评”，动态管理、挂图作战，及时会办解决问题，加快项目转化；实施审批提速“3550”计划，再造流程、创新模式，推进不见面审批服务，让数据多跑路，以最短的时间办结报建手续，项目审批效率提升了200%以上，形成“开发区速度”。

建管并举，城市形象明显提升

华灯初上，夜色下的南通开发区高楼林立，车水马龙。综合体内，人们享用着美食，欣赏着电影，购买心仪的商品；中央公园里，小孩嬉闹，成人健步，情侣依偎；各个小游园里，伴随韵动的舞曲，人们翩然起舞，既陶冶情操又强身健体……处处人间烟火，展现着南通开发区城市的暖意。

“城市的功能与形象，是一个区域投资发展环境最直接、最集中的体现。我们必须加快城市转型，向现代化、国际化、生态化迈进，在外在形象与内在水平上与开放高地相适应，提高城市的首位度。”羌强说。

1985年9月15日，在一片农地上，南通开发区内第一条新建道路通州路开工，标志着开发区基础设施建设正式启动，也由此拉开城市营造的大幕。

白云悠悠，弹指一挥间，30多年过去了，南通开发区形象有了大的飞跃：道路变宽了，城市长高了，景点增多了，高架建起了，这里越来越靓丽。唯一没变的，是那颗注重生态、注重宜居的初心。翻看南通开发区志，可以发现，在最初的规划中，就已经提出要预留景观、公园等绿化空间。

近年来，南通开发区着力打造生态绿地系统，自2007年至今，累计投

入绿化建设资金约 12 亿元，新增各类公共绿地约 800 公顷，一个多层次、多功能、复合型的绿色生态网络正在加速形成。同时，面对从传统的产业园区向现代化产业新城发展的新要求，面对城市管理工作的重心向基层、向社区转移的新形势，开发区还以创新网格化服务管理作为重中之重，整合资源、明确责任，加快“一张网”建设，文明城市长效管理水平不断提升。

着力惠民，社会事业蓬勃发展

以项目为引领，着力打造城市形象，这些最后的落脚点是惠民，是让广大人民群众共享社会发展带来的红利。

7 月 16 日，南通开发区总工会开展“栾馨仁 · 圆梦行动”，资助优秀农民工、劳动模范、优秀一线职工等上大学本科提升学历，打通职工成长发展“最后一公里”。

2015 年 1 月 19 日，“栾馨仁”服务台和“栾馨仁”服务热线在南通开发区应运而生；2015 年 2 月 5 日，开发区群工部又向国家工商管理总局成功申请“栾馨仁”公益服务品牌名称和图形标识，成为全国首创的新型志愿服务品牌。在曾经涌现过“精神文明南通现象”的江海大地上，又一面彰显着人间大爱的旗帜在春风里猎猎飘扬。

“栾馨仁”成立了帮扶服务队、主题服务队、服务分站，开展“我为公益跑”、植树造林、关心留守儿童、赠书外来学子等丰富多彩的活动，大力宣传公益理念，吸引更多的爱心人士加盟，把小影响做成大声势。到目前为止，“栾馨仁”已在《工人日报》等全国和省、市级媒体上亮相近百次。最近，“栾馨仁”爱心基金更是首次走进陕西城固县，在支医支教、慈善帮困、劳务协作等工作中取得新成效。

“栾馨仁”也是南通开发区致力于社会事业发展的一个缩影。2018 年以来，南通开发区 12 项民生实事项目进展顺利；因病致贫群体帮扶、失地农民保障、城乡居民社保、就业创业扶持工作力度持续加大。深入推进教育现代化，小海小学三期工程加快建设，教育质量持续提升，中高考再创佳绩。家庭医生签约服务覆盖面持续扩大，基本公共卫生服务水平不断提升。社区综合文化服务中心创建加快推进，全民阅读、全民健身活动广泛开展，能达大厦文体活动丰富了机关干部的精神文化生活。对口扶贫工作深入推进，佳可服饰等 4 个项目顺利落户城固，“城固之家”正式成立。召开社区网格化管理动员会议，365 个社区网格、44 个专属网格全面建立，基层社会治理“一张网”建设不断深化。

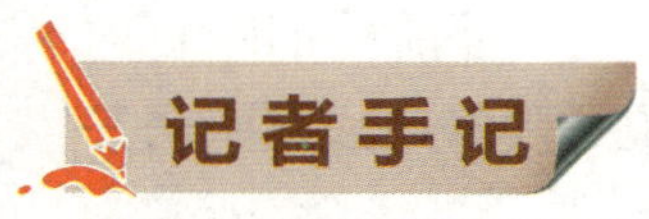

打造高质量发展“新高地”

弹指一挥间，34 年过去。

从长江边的一片荒滩，到如今城市南翼现代化新城、南通乃至江苏对外开放的重要窗口、区域经济的重要增长极，南通经济技术开发区所走过的历程恰恰是我国改革开放 40 年的缩影。

30 多年来，作为我市改革开放的“排头兵”“主力军”，市经济技术开发区充分发挥示范、辐射和带动作用，吸引外商投资企业 800 多家，总投资 200 多亿美元，其中，世界 500 强企业 80 多家。

在此过程中，开发区牢牢扣住简政提效目标，始终以“精简、统一、效能”为原则，一切从实际出发、从发展出发，力求机构精干、办事高效，真正形成了“小政府、大社会，小机构、大服务”。

在此过程中，开发区始终突出开发开放，坚定不移把对外开放作为集聚高端要素、增强发展后劲的关键一招，努力打造外资高地，努力打造政策高地，努力打造人才高地，从而不断增创发展新优势。

在此过程中，开发区始终聚焦特色导向，打造产业“升级版”，紧紧围绕宏观大势和自然禀赋，突出规模与质量并重、内资与外资并举，不断提升产业竞争力，不断提升平台承载力，不断提升科技创新力，从而使产业发展持续向着高端化转型、向着好质态升级。

雄关漫道真如铁，而今迈步从头越。站在新时代、新征程的起点上，我们有理由相信，有着30多年难忘岁月的艰苦磨砺，有着30多年沐风栉雨的经验积累，在未来的日子里，南通经济技术开发区一定能够迈开新步伐、取得新业绩，成为具有国际影响力的高端化先进制造业集聚区、创新型生态型综合商务城，更将成为我市经济社会高质量发展的“新高地”。

本报记者 赵彤

崇川：砥砺奋进迈向品质之城

文 /《南通日报》采访组

1991 年 5 月，经国务院批准，南通市城区更名为崇川区。从五代设郡称静海算起，崇川已有千年历史。

沐浴着改革开放的春风，“福地崇川”孜孜不倦追逐着现代化品质之城的梦想。一代代崇川人在解放思想中锐意改革，在敢为人先中创新奋进，经济发展、城市建设、基层治理等方面都实现了质的飞跃，崇川福地真正成为富民、惠民的好家园。

“双轮驱动”推动产业提质

20 年前，崇川区的企业可不少，光规上企业就有 100 多家，但大多是些传统企业，产品低端、附加值不高，对环境还存在着一定的污染。2005 年开始，崇川大力度推进“退二进三”，经过 10 多年的转型，挺过一番番阵痛，全区经济产业结构发生了很大变化。工业占比从原来的近 34% 缩减到 2017 年的 24%，而第三产业占比则达到了 76%。

“‘退二’，绝不是不要工业，”崇川区发改委主任姜永良介绍，“城市经济不能空心化，重要的是把现有工业经济培强扶大，发展更好质态的工业。”目前，崇川区规上企业仅有 82 家，而这 82 家企业都是经过大浪淘沙留下来的优质企业。82 家规上企业中，近 30 家是亿元企业，产值和税收占了所有规上企业的 90%，大企业拉动作用非常明显。其中，中远船务、富士通、醋酸纤维、南亚塑胶等企业，均处于国内同行前列，甚至在亚洲和

全球取得领先地位。

立足区情实际，崇川大力推进先进制造业和现代服务业“双轮驱动”战略。在2018年的区“两会”上，政府工作报告明确提出实施“智能制造倍增计划”，发展一批智能车间、智慧工厂，大力推进“智能制造进楼宇”新模式，在土地资源稀缺的情况下打造“立起来的经济走廊”，创建全省智能制造示范区。

目前，崇川区先进制造业产业形成了以金通灵、万达锅炉等为代表的精密机械制造，以同洲电子、太平洋水处理等为代表的专业化智能成套设备制造，以易实精密、吉泰科电气等为代表的智能装备关键基础零部件制造，以通富微电、华达微电子等为代表的芯片及集成电路制造，以和维度及米隆数控为代表的3D打印机制造等板块。2018年上半年，全区技改投资和高新技术产业投资分别增长92.6%和99.3%，工业企业销售利润率全市第一。

现代服务业则呈现对传统业态依赖度转弱、对新兴业态支撑力转强的良好态势，现代物流、服务外包、文化产业、科技服务等服务业新兴业态占GDP比重逐年提升。2017年全区服务业增加值、应税销售收入均为全市第一，占全市份额分别达15.8%、21.8%。

服务业的大发展，一方面得益于传统业态的提升。崇川充分发挥全市商贸中心作用，提升生活性服务业，打造城市综合体、特色商业街，2017年社会消费品零售总额保持全市第一。另一方面得益于新兴业态的快速崛起。崇川发展楼宇经济具有先天优势。全区列入统计的123幢楼宇已经入驻企业近8000家，全口径税收33.2亿元（不含证券行业税收32.4亿元），超亿元楼宇8幢。全区完成服务外包执行额4.67亿美元，占全市1/4强。

2018年，崇川将服务业主攻方向定位为“1+2”产业：“1”是指以新一代信息技术服务为主的信息技术服务业和以科技研发设计为重点的科技服务业；“2”是指服务实体经济发展的现代金融及总部经济，和以吸引外来消费为主体的文旅休闲业。

建管并行推动城市提质

“上世纪90年代初的时候，我调来崇川工作。那时，新桥北村旁边有条金通河，河的东侧是新市街，再往东就是农村，典型的城乡结合部，环境面貌脏乱不堪；如今，金通河沿岸环境面貌焕然一新，原来只有五六米宽的新市街现在拓宽到18米宽，路两边满是绿化还建起了小游园，居民啧啧称赞。”

对亲身经历的主城区之变，崇川区住建局局长曹建军很是感慨。现如今，主城框架已然拉开，高架纵横连通，高楼鳞次栉比，满目绿色葱茏，市容整洁有序。

推进城市化，绕不开房屋征收这道难题。崇川创新实施“阳光征收”新模式，征收安置齐头并进，中心城区空间格局实现大拓展。十年来，共完成民居征收31417户，户数、面积均占全市总量的一半以上；共开工建设安置房34个项目、766万平方米，竣工426万平方米，21992户居民喜迁高品质新居。

崇川着力完善基础设施，中心城区承载功能实现大跨越。十年中建设了新区学校、城山路菜市场等34个配套项目，投资额超过16亿元；新建和改造了104条支路，老百姓出行大为便利；累计投资约1.35亿元，对103个低洼易涝区进行了改造。

崇川创新老小区整治思路，把改造的着力点放在有利于嫁接小区长效管理机制和老百姓急办事项上，累计完成学田东苑等22个综合整治项目和291个民生急办类项目，近3.5万平方米小区道路重建、105幢楼宇进

行雨污分流改造；新建及修缮 76 个非机动车库、改造 5070 个机动车位、687 幢楼宇外墙出新、266 幢屋面修缮改造、1.2 万个楼道亮化、60 个小区 3 万多户居民信报箱得到更换。老小区面貌改善的背后，是老百姓实实在在、满满当当的获得感。

2013 年起，崇川短短 5 年已经建成了 39 个区级小游园，2018 年正在推进建设 10 个小游园、2 个公园，让老百姓 300 米进绿、500 米进园的目标即将得以实现。崇川围绕“控源截污、面源治理、畅流活水、生态修复、长效管护”方针，下大力气整治“臭水河”，先后对 48 条河道实施截污，58 条河道实施了清淤、水系贯通，目前还在推进 36 条河道的整治。

崇川区城市管理理念也发生了翻天覆地的变化。

2001 年，崇川区招了第一批参公管理的正式城管队员，崇川区城管局正式建立。近年来，崇川城市管理不断深化细化，许多工作走在全省乃至全国前列。

2013 年，崇川开展“333”流动摊点专项整治之前，主城区有 8000 多个流动摊点，仅用一年左右时间，主次干道实现清零，背街后巷也已基本达到整治效果。

2013 年以前，主城区乱倒建筑垃圾的情况很普遍，每晚有 50 个点位之多。崇川启动“130”专项整治，居民装潢垃圾由区环卫处统一清运，建筑垃圾由企业清运；对建筑企业、施工企业和运输企业，实行“三个黑名单”制度；每个月都要组织两三次“零点行动”，“垃圾围城”得到彻底解决。

10 年前，崇川各处店招店牌五花八门，乱七八糟，严重影响市容形象。政府出钱，统一标准、统一规格、统一设计，不同路段、不同特色街区使用不同特色店招。如今，主城区范围内的 150 个高炮广告、二楼以上的非法广告，全部拆除。

在城市管理体制机制改革上，崇川也走在前列。2015 年底，崇川区启动了城市管理综合执法改革；2016年1月，钟秀街道成立了全国首个综合执法局，中编办将现场会开到了崇川。

精细治理推动基层提质

从“对手”多变成了“帮手”多，从“被动”多变成了“主动”多，从“看法”多变成了“办法”多。作为全市乃至全省基层社会治理改革的典型，崇川区从2012年开始，通过多年的探索实践，构建起“四位一体”社区邻里基层治理体系。

着眼做细网格、做实居民小组，按每300户左右组建邻里，沿街每300米左右建立街坊，做实基层治理的最小单元。在社区“一委一居一站一办”组织架构基础上，建立以社区党组织为核心，社区居委会、公共服务中心、综治办为载体，邻里街坊、社区组织等多元力量参与的治理机制。邻里社干全天候下沉邻里、收集信息、服务居民。在街坊建立专业服务、志愿服务和综合执法队伍624支，人员4500余人。

不断创新服务模式。2018年上半年，崇川区推动“政务服务下沉到社区办理”改革试点，在全市范围内率先组织首批318名全科社工开启“一窗式受理”服务模式。梳理下放68项基本服务、20多项特色服务，由社区公共服务中心“全科窗口”一窗受理一人办结。

广大居民群众和企业单位多元主体参与社会治理的积极性被充分调动起来，形成了共治攻关共享的强大合力。

采用群众给群众做工作的方式，钟楼18号大院完成全部129户6000平方米“老大难”的拆迁，成功实现了自主拆迁的尝试。

北濠桥社区义工联合会已拥有210名义工，累计开展助老、助残、助学等公益活动2000多场。

通过群众议事，形成解决问题的办法。近三年，搬迁小商品市场6处，

实施 212 个老小区改造，取缔马路市场 16 处、流动摊点 8700 多个，均没有引发社会不稳定事件。

在基层治理中，如何解决重大民生问题，是崇川推进改革的重要着力点。

2018 年以来，一场事关 10 万老年人养老品质的医养融合改革在崇川稳步推进，力求通过 3 年左右时间，构建就近便利、规模适宜、功能合理的“养、医、护、康”一体化的健康养老服务体系。

3 月 16 日上午，崇川区医联体招募顺利完成，市第一人民医院、市第三人民医院、市中医院、市妇幼保健院成为崇川医联体建设合作医院。以此为开端，一系列改革举措将顺势推开。崇川医养融合提出的 2018 年目标是，实现 100% 的居家养老服务中心（站）拓展医疗功能，100% 的区属医疗机构突出健康养老服务功能，100% 的养老机构提供医疗卫生服务，重点养老人群家庭医生签约服务覆盖率 100%，60 岁以上老年人健康管理 60% 以上。

一张高效便捷、延伸到居民家门口的健康养老网络已徐徐展开。

崇川福地 城美民安

名称更迭、区划调整，但崇川“城市美、百姓安”的追求如一。

30多年来，为了“城美民安”的使命，崇川区“二退三进”，将经济增长点转向服务业，高楼林立的商圈集中地，楼宇经济、现代金融快速兴起，崇川的经济生态趋于良性，保持高速发展的同时，留下了水清山绿的人居环境。

30多年来，崇川一任接着一任干，大力推进拆迁安置、基础设施建设，城市面貌变化翻天覆地。拆掉老屋离开故土固然难，但前面是更开阔的视野、更舒适的生活；大交通建设的过程虽然长，但之后是更通畅的道路、更快速的到达。更别说那些小游园、大公园的建设，政府拿出真金白银，为百姓打造生态宜居的城市，也让远道而来的客人们由衷赞叹。

30多年来，崇川的人口越来越多、密度越来越大，做好人的管理成为城市管理的重要方面。从群众中来、到群众中去，是崇川找到的基层治理良方：网格化、楼道长，居民自治让社区生态更和谐。政府部门也从未缺位，整治流动摊点、打造医联体，从百姓最强烈的诉求、最急迫的需求出发，不计成本，只为惠民、便民、利民。

改革发展总不能一蹴而就，其过程充满曲折，解放思想、观念创新总会有瓶颈。位于城市中心、处于发展中心，崇川始终奋勇争先，力求最快的发展、最美的景观、最好的生活。新的征程即将展开，崇川人早早定下目标：更快、更美、更好，不断提升城市建设品质，提升百姓生活品质。

本报记者 何家玉

如皋：创新驱动，腾起千亿产业巨龙

文 /《南通日报》采访组

脑洞大开，无中生有，掘出一座通江达海的如皋港，催生了千亿级现代物流产业集群。

先知先觉，借力发力，以整车制造为龙头、以关键零部件配套为支撑，千亿级新能源和新能源汽车产业快速崛起。

如皋，以敢于争先的顽强斗志，厚植解放思想、追赶超越、创新驱动的发展基因，2017 年地区生产总值、工业应税销售、服务业应税销售和建筑业施工总产值全面跨过千亿大关，在苏中苏北县级城市中率先建成全国文明城市，高质量发展正在全面起势，综合实力跃居2018县域经济百强榜第24位。

“我们扎实推进思想大解放，强化问题意识、机遇意识、争先意识，大力提振干部群众‘遇到矛盾就兴奋，碰到困难就迎上’的精气神，推动全市高质量发展走在前列。”如皋市委书记陈晓东说。

发展走新路，拥抱千亿特色产业集群

一艘艘远洋巨轮停泊于长江岸边的如皋港苏中国际码头，起重机发出轰鸣声，连续起吊着集装箱，远处时不时地传来货轮的汽笛声，等着靠泊卸货。上半年，繁忙的如皋港集装箱吞吐量突破 10 万标箱，同比翻番。

拥有国家一类开放口岸、国家级保税物流中心的如皋港，与集装箱业务同样红火的大宗散杂货贸易也飞速发展，中林港务集团、恒盛物流、中储棉、鑫鼎鑫物流等大型港口、物流、保税、贸易、港工贸、第三方及第四方物流企业就有 200 多家，完成应税销售 395 亿元，占如皋现代服务业应税销售总量的 59%。

没有如皋港，就没有如皋千亿级现代服务业的崛起。如皋市发改委副主任曹霞告诉记者，2013 年 11 月 28 日，如皋港国际集装箱码头投入运行，渤商所长江国际交易中心、华东煤炭矿石交易中心、长三角石油化学品交易中心、东升国际石材交易中心四大交易平台相继落户，如皋打响物流通天下的国际化品牌，枢纽港正在向产业港、物流港跨越，朝着百万标箱、亿吨大港进发。

依托“陆海江黄金交汇点、沪苏通高铁桥头堡”的区位优势，如皋加速推进大物流产业国际化，打造水陆空一体、江海河联运的综合立体交通走廊，千亿现代物流产业集群崛起，这是如皋放眼经济全球化、提升发展定位、创新发展思路的结晶。给新能源汽车注入强大的氢能，放大（联合国）氢经济示范城市、国际氢能与燃料电池汽车大会的品牌效应，如皋重点打造的以整车制造为龙头、以关键零部件配套为支撑的千亿级新能源和新能源汽车产业集群蓄势而发。大都市的资本、人才结伴而来，如皋的新材料、高端纺织、智能电网、电子信息、软件与信息服务和氢能六个百亿级产业集群全面发力，花木盆景、长寿旅游和现代建筑三个特色产业集群加速发展。

服务出新招，体制机制转出新动能

北京的一下科技来到如皋高新区软件产业园投资 1.5 亿美元，新上小咖秀视频基地项目，园区行政审批办公室代办员全程帮办，一天半就拿到营业执照。一下科技负责人激动地说：“神速，神速！如皋扶持创新创业甘当‘店小二’就像深圳一个样。”

擦亮生态底色，推进高质高效发展。如皋掘金不冒烟的 GDP 诞生了闻名全国的软件产业。

如皋软件园从“一无所有”，到实现发展期的“无中生有”，再进入追梦创新期的“全国仅有”，书写了一个个神奇，跻身“中国十佳软件和信息服务产业园”“中国服务外包十强园区”“中国软件和信息服务领军产业园区”行列，成为国家火炬计划软件产业基地、中国呼叫中心产业标准化建设基地。目前，如皋软件园入驻企业已达 325 家，新浪秒拍、思爱普（SAP）、软通动力、凌志软件、顺丰速运、携程网、青软实训等一批国际国内知名企业相继落户，从业人员从起步阶段的 2105 人壮大到 2 万多人，其中，本科以上突破 8000 人、高端人才 400 多名。

“瞄准高质量发展，全力打造体制机制创新的新高地、新旧动能转换的新高地，加快形成具有如皋标志、体现如皋质量的产业新标杆。”如皋市委副书记、市长何益军说。

牵住放管服的“牛鼻子”，驱动“加速器”，如皋在全国先行先试行政审批改革，助推高质量发展。他们从推行“一枚印章管审批”到只跑一次和不见面为主体的行政审批改革，把证照联办审批时限压缩到 3 个工作日、项目立项到拿到施工许可证压缩为 40 天，推出了“一窗受理、联合并联审批、容缺审批”的集成化套餐服务和上门服务、延时服务、预约服务，零等待、秒审批成为常态，全方位立体化保障重大项目快落地、快开工、快投产、快见效。2017 年，如皋创新创业环境评价综合排名位居全省第一。行政审批改革的“如皋样本”，被全国各地复制。

让群众和项目业主最多跑一次，如皋各镇（区）设立行政审批代办员，专门为企业帮办项目立项审批服务。仅企业节约劳动力一项，2018 年上半年就帮助企业节省成本 1000 万元，而如皋服务项目效率一次次提升。2018 年 1 到 7 月，如皋新办企业 2956 家，全程电子化办理 752 家，其中，开办企业 3 个工作日内拿到证照的占 87.7%，半天领取证照的有 202 家。

“以‘六大指挥部’建设引领高质量发展，以重特大项目建设支撑高质量发展，以优质营商环境保障高质量发展，以企业现代化建设推动高质量发展，拿出逢山开路、遇水架桥的闯劲，第一时间化解发展中遇到的矛盾和问题，一步一个脚印走，一锤接着一锤敲，推动增长动力大转换。”如皋市委书记陈晓东说。

在如皋，不仅书记、市长带头研究产业发展，直接冲在项目招引和破解项目建设难题的第一线，市委常委等四套班子负责人同样担当产业项目建设的第一责任人。围绕加快构建现代化产业体系，他们成立了新城建设、城市水系建设和大健康产业发展、现代物流产业发展、如皋港转型发展、新能源汽车产业基地建设和软件园建设“六大指挥部”，每个板块都由一名市领导挂帅，在各自产业链上分头盯抢投资质效高、科技含量高、产业关联大的优质项目，以此支撑产业集群化发展的“四梁八柱”。

宜人新环境，高端人才奔皋来

落户如皋经济技术开发区的珈伟龙能固态储能科技如皋有限公司，2017年年底推出国内新能源汽车使用的独家产品——类固态电解质锂离子电池，一次充电只需5分40秒，使用寿命是普通电池的8倍多，一期项目当年开工、当年投产，装配国内知名企业的乘用车、物流车，2018年下单6亿多元，接着连上二期项目，将产能扩大20倍，最近量产，达产后两家企业年销售收入将达到50亿元以上。

类固态电解质锂离子电池的巨大能量来自它的高科技。技术团队由美国麻省理工学院博士后兼麻省理工学院研究员、博士生导师、国家“千人计划”特聘专家黄碧英博士等一批全球知名技术专家组成，他们不仅带来全球领先储能技术，还带来20多亿资金把创新技术成果变成产业。

引进一个专家团队成就一个产业，在如皋层出不穷。2011年，当人们对氢能望而却步的时候，如皋经济技术开发区引进留美博士陈融携带科研

成果前来创办百应能源如皋公司，拥有从膜电极生产、电堆组装、系统集成到整车匹配等全套的核心技术的全球首条备用电源生产线投运后，装载南通百应能源生产的氢燃料电池的物流车、公交车、乘用车，每天在广东、浙江、陕西和我省的南京等地跑得欢快。

如皋之所以成为目前国内以氢能为代表的新能源汽车产业集聚度最高、产业链最长、产业化成熟的地区，在中国唯一被联合国开发计划署授予“中国氢经济示范城市”，得益于郭孔辉、杨裕生等 5 名院士如约而至加盟支持产业发展，黄碧英、章伟等 5 名“千人计划”专家，蒋化冰等 15 名省双创人才，王晓麟、顾镭、陈融等 29 个海归人才奔赴如皋创新创业，助力如皋打造以新能源和新能源汽车为主导的千亿级产业化绿色智造基地。

目前，落户如皋经济技术开发区的康迪吉利、陆地方舟、青年亚曼、金杯、英田和赛麟赛车等六家整车厂，产品涵盖新能源大巴、物流车、乘用车、商用车、卡车等各种车型，将近 50 家关键零部件企业与之配套，带动一条覆盖新能源汽车上下游的完整产业链加速形成，获批国家火炬如皋新能源汽车特色产业基地、省新能源汽车特色产业集群。目前，如皋加快建设集汽车研发、汽车制造、汽车文化、汽车金融和汽车商贸于一体的现代化的汽车产业城，到“十三五”期末，新能源汽车产量将达到 80 万辆。

2017 年，如皋引进以国家“千人计划”专家为代表的国家级人才 10 人，入选省级及以上人才项目的 30 余个，其中，国家“千人计划”入选数位居南通第一，各类高层次人才总数突破 10000 人。如皋市人才综合竞争力跃居全省 41 个县市第 8 位。

“如皋宜居宜业的秀美生态环境，与创新创业环境同样深深吸引并打动了我们，所以在绿色照明领域孵化出‘金蛋’后，我们将继续投资 7 亿元打造新项目，目标形成 30 亿元以上的产出。”落户如皋的第一位国家“千人计划”专家、海迪科（南通）光电科技有限公司董事长兼总经理孙智江道出了高端人才直奔如皋的心声。

如皋是久负盛名的世界长寿乡，10 多年如一日全民推进创建，久久为功，成为苏中苏北县（市）中的第一个全国文明城市、第一个摘取国家人居环境奖的城市。

人才大集聚，推进产业转型发展。国内外知名龙头企业新上项目，首选加盟如皋前瞻布局的新一代信息技术、智能网联汽车、生物医药、供应链金融等战略性新兴产业，牵引一个个新的增长点如雨后春笋发展壮大。

敢为人先厚植发展新优势

本没有港口，如皋掘出一座国际化的物流港、现代化的产业港；没有汽车制造的优势，如皋拼出一个以氢能为引领的千亿级新能源汽车产业；发展软件产业是大城市的天下，结果如皋去赶集，竟然赶出了一个“中国十佳软件和信息服务产业园”和国家火炬计划软件产业基地、中国呼叫中心产业标准化建设基地。放管服改革没有先例，如皋先行先试，“3550”改革、“不见面审批”成为全国复制的样本。

40 年前，提起如皋，人们自然把如皋与高沙土、贫穷联系在一起，而今说起如皋，就如数家珍般地道出“氢”风拂面的绿色产业，娓娓道来欣欣向荣的新能源汽车、生机盎然的如派盆景、

两次夺得国家科技进步特等奖的神马、位居全球同行业第三的荣威娱乐，还有百岁老人多达300多名的世界长寿乡。

发展是第一要务。2017年，如皋地区生产总值、工业应税销售、服务业应税销售和建筑业施工总产值全面跨过千亿大关，在苏中苏北县级城市中率先建成全国文明城市，在全国县级市中捧回国家级人居环境奖，综合实力跃居2018县域经济百强榜第24位。改革开放40年，如皋干部群众不断解放思想、开拓创新，既登高望远，又埋头苦干，政府服务持续改善，产业不断迈向中高端。

创新是第一动力。站在争当“一个龙头、三个先锋”的新起点上，只有快人一步，先人一着，下好先手棋，抢占制高点，才能永立高质量发展的潮头。当前，新科技革命风起云涌，新产业、新技术、新业态、新模式快速兴起，加速产业智慧化、跨界融合化，赢得高质量发展的先机，需要进一步培厚培优创新的土壤，激发创新创造创业的活力，鼓励企业敢为人先，看准的项目就上，不因循，不等待，不观望，不犹豫，一马当先，培优扶大做强。

人才是高质量发展的第一资源。要引才、识才、爱才、用才，营造一切有利于创新的人才环境、一切有利于企业创新发展的市场环境和社会环境。只要如皋接续以敢为天下先的胆识和魄力，海纳百川、博采众长的开放胸襟，大胆去闯，大胆去试，打造产业人才新高地，就一定会拥抱新兴产业竞相壮大的美好明天。

本报记者 杨新明

27 年巨变，港闸向上向美向善

文 / 蒋晓东

百年前，张謇在天生港、唐闸开始了近代史上解放思想的先行先试，催生了中国第一张股票、第一个近代纺织厂，江苏第一条公路、第一盏电灯……

这里曾经是南通市郊区的组成部分，1991 年港闸建区，27 年匆匆的改革步履中，创新因子在这里激荡。在改革开放的第 40 个年头，全区经济转型发生质变、城市涅槃华丽转身、精神文明建设成为全省高地，写下了一个个经济、社会、民生高质量发展的样本。

一组数据，揭示经济转型路径

“这段时间正在向江堰市五峰山大桥交付主缆。”宝通线材公司总经理助理周建华自豪地展示了他们的核心产品——一根直径 7 毫米的钢丝，拉力高达 80 吨，强度达到 2000 兆帕。

在 2018 年的央视资料片中，多个重大工程能够看到宝通元素 :港珠澳大桥的钢绞线是宝通生产的 ;舟山连岛的西堠门大桥缆索是宝通生产的 ;贵州黔南的世界最大单口径射电天文望远镜牵引钢索是宝通生产的 ;中车集团生产的动车，17mm 以下弹簧的生产标准，也是宝通制定的……

宝通线材聚力智能制造，攻坚大桥线缆，成为细分行业的“单打冠军”，这是港闸区众多企业创新发展，追求小而精、小而强的高质量发展的一个缩影，也是港闸区面对现实的制约因素，经历思想解放后所选择的经济转

型路径。

1991 年，在港闸区划调整变革下，“郊区从富得冒油，一夜之间回到解放前。”时任区委书记储长林回忆说。1991 年的全区财政收入 6000 多万元，农民年收入不到 1000 元，城市居民年收入 2500 元。

1992 年春天，邓小平南方谈话春风化雨，坚定了区委领导班子改革的步伐和信心，提出了鼓舞人心的口号：团结拼搏，负重奋进，甘于奉献，争创一流。这一口号成为港闸区第一轮解放思想的动员令。

当年，全区农业比重 60% 以上，工业 30% 左右，服务产业 10% 左右。区委、区政府扬长避短，创造发展的优势，于 1993 年 1 月 15 日，组建港闸经济开发区，带动老城镇改造和外向型经济发展，实行区乡两层开发，多层面拓展，国有集体合资合作，整合全区资源。仅用三四年，投资 20 多个亿，引进 300 多个项目，奠定了经济开发区的雏形。

建区 27 年来，港闸区历经了“八五”“九五”“十五”“十一五”“十二五”，现已步入“十三五”中期。每一个五年都是艰难的“换脑”过程，但每一次思想解放、观念更新，都推动港闸新一轮发展超越。港闸区八届政协副主席朱国强，曾任区发改委主任，对于全区经济转型的举措、路径和内涵记忆尤深。

“从宏观层面看产业结构转型，全区经历了从‘一、二、三’到‘二、三、一’再到‘三、二、一’转变；从微观层面看市场主体转型，鼓励引导企业创新技术、创新模式、创新业态，向微观曲线两端延伸，向价值链高端推进。”朱国强认为，全区在六个五年期间，围绕“产城深度融合”的理念，着力构建“以现代服务业为先导，以先进制造业为支撑，以都市型生态农业为补充”的新型现代化城市产业体系。经济转型路径的核心密码就是“兴三优二”，即退城进郊（工业迁出）、退二进三（腾笼换鸟）、二三剥离和一二三嫁接。

经历了“十二五”的突破期和阵痛期，港闸产业发展逐步从粗放的劳动密集型、资源消耗型生产模式，转化为集约、绿色、可持续的发展方式。最新统计显示，2017 年港闸 GDP 密度突破 2.8 亿元 / 平方公里，超过全国排名第五位的厦门，直逼排名第四位的广州，走出一条小而精、小而强的高质量发展之路。

一座新城，见证凤凰涅槃样本

唐闸老镇，通扬河畔，三十年河东，三十年河西，19 世纪末的盛衰无问西东，起起伏伏。这个当年城市转型的实验田，在唐闸的画家徐累画里这样描述上世纪六七十年代镇上的生活：很大的植物园、动物标本、德国产纺机，其中还有那个怪异的动物园——疯掉的狼，黑乎乎的火鸡，瞎了眼的猴。即便是十几年前，偌大一个区，几乎没有一条完整的排水管道，连建个公厕都要层层审批。年轻人迅速逃离，老镇萧条，满面尘灰。

然而，在 2017 年的“港闸八景”展览中，画风为之一变：侯德剑与邵连联袂创作了《百年港闸，壮美千秋》，以散点透视、水笔白描的方式，超时空地将火车站、立交桥、沪通长江大桥、城市绿谷、风筝节、飞机、赛龙舟等场景汇聚在 2.7 米长卷上。“港闸一发展，整个南通都发展了。”侯德剑自豪之情溢于言表。

在港闸区老干部活动中心，记者遇见几名退休的镇乡老干部，他们谈及港闸的城市变迁，感慨万千。

“陈桥是港闸区变化的缩影。”陈桥街道人大原副主席赵广明回忆道，区划调整之前，陈桥都是石子路、土路，没有一条像样的水泥路，也没有一条通往市区的公交线路。1997 年 7 月，陈桥开通了第一条从陈桥到市区的公交线路，到现在为止共发展了 7 条公交线路，“一下子由乡下进了城。”

“现在，老港闸的影子都找不着！”唐闸镇街道原副书记王吉祥回忆，

港闸人住房经历了四个阶段，从茅草土墙屋住上平房瓦屋，从农民自建楼房住上高楼。“2003 年城市化改造后，港闸处处是高楼，城市越来越高，越来越美。”

曾在区教育部门工作过的区人大办公室原主任须平告诉记者，区划调整之后，港闸区的教育发生了很大的变化，形成了“一校一特色”。通中教育集团北城中学和启秀教育集团启秀市北学校进驻，优秀教育资源纷纷涌入港闸，为新城发展增添了后劲和活力。

港闸城市的巨变，源于 2002 年港闸城市建设动员大会的召开，这个看似普通的会议对全区产生了历史性影响。城建体制调整，全方位激活了港闸的创造力，随之而来的是城市化进程的同频共振，短短十多年的时间，港闸发生了脱胎换骨的变化，成为城市化进程中一个凤凰涅槃的样本。仅 2003 年一年，港闸区用于城市建设的投入就相当于过去 30 年的总和。2005 年初，市政府给予港闸区三年过渡期的政策扶持，极大地调动了全区城市建设的积极性，全区的城市面貌发生了翻天覆地的变化。

如今，一张完善的立体化交通网在港闸全面形成，在建的地铁一号线和即将开工的地铁二号线，让港闸成为向周边市区各组团的辐射中心。沪通长江大桥通车和多条高铁绕城，进一步拉近了港闸与苏南、上海的距离，港闸成为承接长三角城市群人流、信息流、资金流最直接的区域，是接轨上海、融入苏南、辐射苏中苏北的桥头堡。

从“打造北翼新城”到“迈入主城区”，到“融入主城区”，再到“领跑主城区”，港闸区的城市首位度在不断提升，城市口号也越发从容和自信，成为具有南通特色、港闸特质的现代化花园城市。

“宁要城里一张床，不要港闸一间房？”现在看来，这个说法已经是一个伪命题。

一群典型，托举城市文明高度

在港闸，还有一种独特的“气质”——精明文明现象。从最初的“寻找身边感动”到“感动一座城”再到“感动中国”，近年来不断涌现的道德典型和凡人善举，托举了整个城市的文明高度。

9 月 1 日上午 9 时，在幸福街道幸福村社区，磨刀老人吴锦泉向社区两位即将开学的困难学生当场捐款 2000 元。

两年前，央视“感动中国”给老人的颁奖词历历在目：窄条凳，自行车，弓腰扛背，沐雨栉风……刀剪越磨越亮，照见皱纹。两年后，老人仍以标榜的力量，激发着群众的道德认同和道德自觉。

关注港闸多年的《工人日报》退休记者陆嘉玉曾经评价：港闸精神文明现象的根源来自崇文厚德的人文底蕴和根基深厚的教育传统。其实，这也得益于港闸区探索实施的培育弘扬时代典型的有效机制。全区将道德建设作为建设文明和谐经济强区的“软支撑”，全面提升和展示港闸对外形象的“软实力”，精心谋划、深入开展道德实践活动。

8 月 24 日晚，2017 年度“港闸榜样”颁奖典礼在五水汇舞台举行，自 2012 年至今，“港闸榜样”评选已经成为港闸区道德建设的常态活动。通过广泛发动、层层举荐，全区已逐步形成每周发现、每月评选、每季展示、年度表彰的工作机制，模范典型已经覆盖各行各业。

港闸区先后获得市级文明新风典型等荣誉的个人和集体 69 个，江苏省道德模范提名奖、江苏好人等省级荣誉 53 人次，中华慈善大奖、“感动中国”人物、中国好人、全国优秀志愿者等国家级荣誉 29 人次。

除了这些评选外，“发现好人、表彰好人”成为全区数十个社区年度党建惠民活动的主要议题，最美道德之星、最美志愿之星、最美敬业之星……星星之火，已成燎原之势，人口不到 40 万的港闸涌现出的好人模范超过 1 万名，构筑起港闸独有的“道德高地”。

“久久为功，人民群众看到党委、政府对好人的行为是表扬的、是肯定的，是给予扶持的，良好的道德风尚就形成了。”6 月 28 日，在港闸区召开的全省道德风尚高地建设现场会和好人见面会上，港闸区“好人现象”和“好人园”等道德高地建设成果得到了省委常委、宣传部部长、省文明委主任王燕文的充分肯定，为全省 113 个县市（区）设立了一个道德标杆，也为港闸多年来精神文明建设画上一个完美的句号。

“抓实、抓好公民道德建设，会在经济和社会发展中产生‘四两拨千斤’的效果。”港闸区区委书记沈红星表示，今后将进一步放大道德模范示范带动效应，引导群众投身精神文明建设新实践，在全区掀起学习模范、争当模范的新热潮，努力把百年港闸建设成新时代的道德新高地，为南通争当“一个龙头、三个先锋”提供强有力的精神支撑。

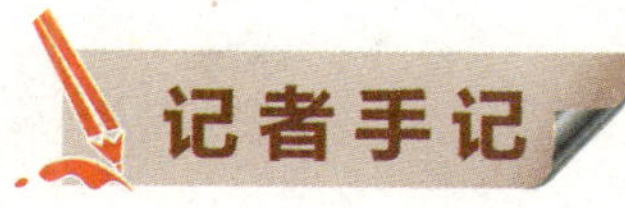

新城梦想，在奋斗中开花

不久前，本报与港闸区联合开展了“市北先锋看港闸”的大型新闻行动，一些“老南通”在参观时惊呼：“漂亮、干净、人气旺，变化太大了。”作为服务港闸区的记者，我感同身受。我觉得，正是港闸区上下齐心、目标明确，才有了各项事业的稳步快速推进。

港闸区突出项目主抓手，持续数年狠抓重特大项目招引，目前，港闸区在电子信息、智能装备两大产业上集聚了京芯光电、奥易克斯等一批优质项目，2018 年二季度的重点工作汇报会上，市委书记陆志鹏对该区集中精力、集中资源发展重点产业的做法给予了肯定。在做好招引工作的同时，港闸区还扎实做好项目推进工作，“领导 + 部门 + 基层”全部沉到一线，一个项目一个项目抓落实。

为了打好污染防治攻坚战，港闸区的主要领导数次到现场办公。无论是中央和省环保督察反馈问题，还是市县环保联动巡察反馈问题，只要是上级巡察、检查交办的问题，都不折不扣抓好整改落实。同时，港闸区委、区政府从回应民生关切的角度抓好水环境治理，定下数十条河道整治任务，要求相关部门必须扎扎实实、不折不扣完成好，以高水平的整治成效来回应老百姓关切，兑现对老百姓的承诺。

列举的这两项工作，记者经常前往现场采访。面对问题，区、街道两级负责人不打官腔，均是实实在在调查研究，寻求破解之道。不管是在区、街道机关，还是在基层村居，记者感受到的是一股股积极主动的工作热情。

港闸区的发展日新月异，各部门敢于担当、善于服务，奋发进取、埋头苦干，一定能谱写出新时代港闸高质量发展新篇章！

亦冰

系列短视频

我们一起走过

幸福是奋斗出来的。时代的发展离不开个人的奋斗，个人的奋斗离不开时代大格局。

为庆祝改革开放40周年，2018年，南通发布新闻客户端制作推出一组原创微纪录片，回眸我们一起走过的峥嵘岁月，见证我们共同经历的家国巨变。

第一集

第一平台

【旁白】

苏通大桥 中国最繁忙的桥梁之一

大桥北侧 连接着南通经济技术开发区

这里正成为南通最具活力的地区之一

但在三十多年前，完全不是这样

【张振刚】

我是1988年5月份到1990年8月份，在南通经济技术开发区担任管委会主任、党组书记。那时候很困难，我们要在一片荒滩、一片芦苇荡中全新建设一些厂房、一个开发区。

首先是基础设施建设，要有钱啊，资金又紧张。我们没有现成的政策、现成的东西可以借鉴，我们都要去摸索探讨，摸着石头过河是有风险的。

【旁白】

1984年，南通获批成为中国首批14个沿海开放城市之一，同年12月19日国务院发文批准建立国家级南通经济技术开发区。一个个先行先试的“第一步”,使开发区真正成为改革开放的“试验田”。

“我们一起走过”
系列短视频
第一集：第一平台

【张振刚】

我到开发区后不久，当时国务院副总理谷牧同志来南通视察。首先他提出一个问题："南通交通条件不如人家，凭什么赶上苏锡常？"这确实是我们搞开发区要解决的一个问题。我们搞开发区除去在完善投资软环境、硬环境以外，对外商我们很重要的一条，就是我们在优惠政策方面要敢于去试，第二个在服务方面，要高效地服务，要全心全意地服务。

当时有个三德兴塑胶企业，是新加坡的，他们在江苏、浙江、上海跑了二十几个单位，最后到了南通，他签了一个协议，我们一个月就拿到了批文。（这样）就把我们南通的知名度、南通的服务宣传到外商里去。我认为这比办成一个企业效果更好。

【旁白】

后来的事实证明，开发区的引领、示范意义甚至大于它本身。30 多年来，南通先后涌现的各类园区以 5.6% 的市域面积，实现了全市 80% 以上的公共财政预算收入，70% 以上的进出口总额，70% 以上的实际到账外资，成为南通对内激发活力、对外展示形象的第一平台。

【张振刚】

今天回到这里一看，太漂亮了，开发区现在上了快车道。

从国家来讲，我们国家的发展要改革开放；从南通来讲，我们要利用外资加快南通的发展；从我个人来讲，为开发区做的一些事情，是永远忘不了的。

第二集

沿海春秋

【旁白】

这是一个近乎疯狂的计划，如东人试图以一县之地，打造一个深水大港，然而，他们选择的港址，一度被公认为建港禁区。

【袁新安】

在 80 年代初，中国科学院搞海洋调查，南京大学的王颖院士带了一个团队对江苏沿海的辐射沙洲进行长期论证，我们找到了两个问题，第一是水稻长期稳定，第二是人工岛是长期稳定的，所以得出来一个结论，就是没有颠覆性问题。

【旁白】

现代科学证明，洋口港拥有一条长期稳定的天然潮汐通道，直通太平洋国际主航道，是江苏近千公里海岸线上，极少可见 10 万到 30 万吨级深海大港的理想港址。然而小县建大港，无异于小马拉大车。当时的情形下，依靠国家投入几无可能。依靠底子薄的如东县，更是杯水车薪。

“我们一起走过”系列短视频第二集：沿海春秋

【袁新安】

过去建港，在全国来讲，基本上是外资禁区，特别是外资不能控股，而我们国内的资金往往不足，只能搞投资体制的创新。我们也争取了上级有关部门的支持，同意我们引进外资来成片地开发港区。如果没有改革，没有对外开放，那么洋口港的基础设施的投资建设就无法落地。

【旁白】

在袁新安看来，当年人们对洋口港的渴望背后，折射出如东乃至江苏沿海的一个迫切需求。

【袁新安】

全中国沿海，基本上在那个年代（改革开放初期）都是越到沿海越繁荣。开放嘛，沿海开放嘛，而我们江苏沿海是比较特殊的一块区域。因为它的辐射沙洲，并且它的海岸与海之间隔着一片滩涂，（滩涂的距离）基本上都是 5 公里，10 多公里，离岸距离很远，所以江苏苏北沿海是出了名的落后，越到沿海越荒凉，实际上是一个封闭的沿海。那么封闭的沿海要翻身，要改变落后面貌，可能基本的途径就是打通出海通道。

【旁白】

作为江苏沿海开发的破题之作，2008 年，洋口港顺利通航，改写了南通有海无港和江苏沿江没有出海大通道的历史。这是对江苏沿海开发上升为国家战略的强力呼应。2018 年 5 月，江苏省委书记娄勤俭在通调研时，勉励南通要努力成为江苏沿海崛起的龙头，争当全省解放思想、跨越赶超的先锋，全省高质量发展的先锋，新时代全省干事创业的先锋。新时代新征程，南通正在全力书写一部波澜壮阔的沿海春秋。

【袁新安】

我这辈子呢，就做了个洋口港，只不过开了个头。我们处在长三角战略、沿海开发战略和上海经济圈的叠加区，我们现在要利用好这个机遇，再创优势。

第三集

百年沉浮

【旁白】

2018 年 6 月 30 日，南通通海集装箱港区开港，此处距洋山港 160 公里，被业界认为是南通港口接轨上海的最新力作。历史总是充满巧合，百余年前，“对接上海”的需求，很大程度上催生了南通港的崛起。

【魏登宝】

1904 年的时候，南通实业家张謇状元，在天生港建起“大达轮步公司”，建起了一个码头。在上海十六铺也建起“大达码头”，就是上海“大达轮步公司”，这样就开启了南通和上海之间的交通运输线。

【旁白】

上世纪 60 年代，南通港客运业务开始兴起，并于 80 年代进入鼎盛时期。从南通港坐船，成为几代南通人的集体回忆。

【魏登宝】

最辉煌的时候客流量是非常大的，我虽然在南通港工作，但是我要买张（船）票也不容易。到了 2000 年的时候，由于通沙汽渡、通常汽渡、海太汽渡等陆续开通，再加上国家高速公路的逐步建造，南

“我们一起走过”
系列短视频
第三集：百年沉浮

通港的客运，不单单是南通港甚至整个长江的客运都在慢慢萎缩。到了2000年10月30日，南通港送完最后一批到上海的乘客，这条航线从此就关闭了。

【旁白】

客运的衰落并未让南通港就此沉沦，相反，货运的崛起让南通港涅槃重生。1982年，国务院、中央军委批准南通港为国家一类开放口岸。1983年5月24日，巴拿马籍散装货轮“格陵兰海”号在狼山港区靠泊卸载，这是改革开放后进入长江的首批外籍船舶之一。

【魏登宝】

第一条外轮到南通来的时候，盛况空前。码头上好多人激动啊欢呼啊，从此南通港不再闭塞了，从此走向世界了。

【旁白】

进入新世纪，南通港口的发展由“江河时代”迈入“江海时代”。2012年起，南通港货物吞吐量连续五年突破2亿吨，代表着先进运输方式的集装箱业绩更在2017年首次突破百万标箱大关。如今的南通港规划有12个港区，其中沿江9个，沿海3个，并已形成船舶制造、海工装备等优势临港产业。

潮起潮落水云间，百年南通港正在新时代焕发出新的光彩。

【魏登宝】

南通港的变化就是全国变化的一个缩影，只有改革开放，只有发展，才是硬道理。

第四集

超级工程

【旁白】

中铁大桥院的工程师们，要在长江入海口打造一座世界最大跨度的公铁两用斜拉桥，他们要面对超宽的江面，密集的航船，肆虐的台风，复杂的水文……这座世界桥梁史上前所未有的超级工程，叫做沪通长江大桥！

【张敏】

目前国外公铁两用桥最大跨度是 490 米，荷载没有我们的一半大，只有两线铁路、四线公路。我们（沪通大桥）是四线铁路、六车道公路，而且我们铁路的荷载比别人重得多。所以应该说，这个项目是个世界（级）的超级项目。

【旁白】

中铁大桥院，业界誉为“大桥中科院”。1957 年，他们设计建造出中国第一座跨江大桥——武汉长江大桥。改革开放以后，万里长江上约七成的大桥出自其手。现在，他们要把沪通大桥打造成一面自主创新的新旗帜。

“我们一起走过”
系列短视频
第四集：超级工程

【张敏】

要做这个项目必须要有很多的创新来作支撑。

一般国外的做法是钢桁上面放桥面板，不共同受力，而我们是钢桁与钢箱进行结合，应该说别人都没有做过。另外针对这个桥，我们研究了新的钢种Q500，这些钢种在桥梁用钢这一块我们是领先的。新工艺呢，第一个就是用了大的沉井基础，这样可以把占用长江的尺寸大大减小。另外我们在架梁的时候，原来往往是（杆件）单个拼，后来我们从单个拼变成桁片一片一片地拼，后来是一个桁段一个桁段地拼。这个桥我们又做了大胆的创新，用两个节段，直接起吊。

【旁白】

大江东去亿万载，也“封印”了南通千百年。十年前，苏通大桥横空出世；七年前，崇启大桥风云再起；今天，沪通大桥后来居上。三座超级工程，为改革开放后“开挂”的中国建桥实力写下“给力”的注脚，更为南通的高质量发展打通“任督二脉”。

【张敏】

我相信沪通（大）桥建成后家乡的发展速度会更快！因为我们融入了中国高铁网，我们的江海运输就像插上了翅膀一样，这个意义非常重大！

【旁白】

新时代南通的交通宏愿不止于此。今天，宁启动车穿梭在江海平原，兴东机场开通了国际航班，五洲四洋驶来巨轮大船，高速路网将城乡互通互联，地下轨交让梦想开进现实……

2018 年 7 月 30 日，中共南通市委十二届六次全会提出，未来几年，南通将全力推进一批重大交通基础设施项目，加快建设全国性综合交通枢纽。昔日“难通”，一去不返；未来南通，值得期盼！

第五集

科教兴邦

【旁白】

生命，精致、粗犷，构成地球上最华美的乐章。

神经，纤细、复杂，指挥家般主导着生命活动。

中国工程院院士、南通大学顾晓松教授的团队，正在“神经再生”这一新兴科技领域深耕。这位《科学》杂志笔下的“组织工程和神经转化医学开拓者”，是南通本土走出的第一位院士，也是迄今为止唯一一位。

【顾晓松】

我的成长每一个环节都和改革开放相关。中国的改革开放是科技的改革开放。

1986 年国家开始设立自然科学基金委（员会），从那一年开始，国家的研究基金开始全国招标。自由申请，任何一个年轻人、一个老教授都可以申请，北大、清华，包括我们南通，地级市的学校也能申请。

以前没有这个资格，在 1986 年前是什么呢？国家所有课题按照部委分配，分配到各个部委、各个省，各个省下不了基层，全部是计划经济。

那一年（1986 年）开放以后，中国才开始科技的春天，中国科技有今天，就是那个关键。

“我们一起走过”系列短视频
第五集：科教兴邦

【旁白】

40 年的中国科技进步浪潮中，南通力量从未缺席。包括顾晓松在内的 40 多位两院院士，组成了科学星河中的灿烂星群。今天，综合国力与科技实力的提升，让顾晓松的科研成果得以在国际上领跑。

【顾晓松】

我的成功和我的团队分不开。我们是一级学科博士点，第二，组织工程神经还有手外科在国际上有影响。

现在我们的实验室，美国、欧洲来看都羡慕，哪有这么好的！

【旁白】

十八大以来，党中央作出的创新驱动发展战略，让厚积薄发的中国科技交出令世界瞩目的答卷。

然而掣肘犹存。不久前爆发的“芯片之痛”，给国人敲响一记警钟。

就江苏而言，科技创新也存在“有高原”“少高峰”的瓶颈。

【顾晓松】

美国卡脖子，卡脖子就是叫你创新。

我神经（领域）的核心技术、关键技术在我手上，不仅做神经，还要做血管、可降解支架 、可降解骨修复材料，下一步做人工肝脏。假如中国人不做，美国人做了，以后市场又在他手上，我们的医疗费用全被他卡住了，钱全部过去了……这是为了国家为了民生在做。

【旁白】

科技是国之利器，国家赖之以强，企业赖之以赢，人民生活赖之以好。习近平总书记在党的十九大报告中强调，要加快建设创新型国家。今天的南通，正以中央创新区为核心，加快建设创新之都。

而顾晓松和他的团队，也越来越接近他们的目标——构建自主可控的创新与产业发展体系，让南通大学的神经再生研究永远站在世界最高点。

家国担当

【旁白】

全球贸易和多边体制正在遭遇重大挑战。2018年7月6日，美国发起经济史上迄今为止规模最大的贸易摩擦。

次日，薛济萍在中天科技集团半年总结会上发表讲话。这位对市场时刻保持着鹰隼般敏锐眼光的“掌门”，定下的演讲主题是——梦醒。

【薛济萍】

10年后，20年后，100年后，这是一个重大事件，（人们）会进行讨论。

中国改革开放40年发展到全球第二的地位应该说比较顺畅，但现在，我们不再具有像那样的外部环境和条件了，我们是要做些准备和改变了。

【旁白】

很快，这家与“一带一路”沿线59个国家开展合作的南通制造业巨头，站上中美贸易摩擦的风口浪尖。

7月24日，美国举行“301调查”听证会，中天科技是唯一参会的中国企业，他们生产的导线和电缆都在加征关税产品之列。

梦醒时分，薛济萍为中天这艘巨轮规划出新航线。

“我们一起走过”
系列短视频
第六集：家国担当

【薛济萍】

（把）全球配置经济发展空间，实现更有质量的增长，作为 2018 年的经营指导思想。

一、慎重内外投资；二、所有在建项目要再对照、再分析，精准投资，严防失误；三、新立项产学研项目超百万元应上投资决策会通过；四、力争全集团日现金可用余额不少于 20 亿（元）。

【旁白】

转型，中天不是第一次遇到，也不会是最后一次。

26 年前，中天还是如东县河口镇上一家砖瓦厂。乘着改革开放的东风，他们炸掉高耸的烟囱，投身光缆行业。

18 年前，中天切入电网领域。

10 年前，他们又迈进新能源产业。

今天，中天已是中国企业 500 强。

未来，他们将向着千亿级企业和全球公司进发。

薛济萍，这位一手缔造传奇的“中天教父”，对“为企之道”仍葆初心。

【薛济萍】

江海平原成陆不易，先辈开疆拓土艰辛。现在我们的工厂就是要激活年轻员工血液中流淌的精细基因，让精细文化传承下去。

【旁白】

2016 年 5 月 23 日，薛济萍获得首个“张謇杯”杰出企业家荣誉。

当年，张謇践行“实业救国”思想，以一己之力创办数十家企业。

今天，围绕“3+3+N”先进制造业体系，南通正在加快建设制造业强市和民营经济强市。

国非富不强，富非实业不张。从张謇到薛济萍，南通企业家们在家国大势面前，“先天下之忧而忧”的担当精神，一脉相承。

【薛济萍】

谁先意识到这个历史性的变化，谁就能顺应时代作出合适的安排，打有准备之仗，为中天这艘航母走向大洋增加动力，为国家的明天护航。

效率变革

【旁白】

2018年11月16日，南通在江苏省内率先对“奇葩证明”出手，12个市级部门共64个市本级证明事项被取消。

这项“减证便民”举措，是南通“放管服”改革带给企业、群众的又一个“政策大礼包”。

【施学雷】

应该说，南通的“放管服”改革这些年一直在路上。

譬如2011年，我们启动“三集中、三到位”改革。

2012年的改革主要围绕怎么打造好“一门式的政务服务”办事模式下了功夫。

从2014年初，我们开始推进政务服务综合标准化建设，通过两三年努力，我们成为全国政务服务标准化示范基地。

2015年的改革主要围绕相对集中行政许可权改革，把市场准入、项目建设两大领域15个部门的权力事项划转到行政审批局，实行“一枚印章管审批”。

2016年开始我们主要围绕“再提速、再便民”下功夫。

2017年以后，（我们）提出了“一个目标、三个重点、两大支撑”的南通改革模式。

“我们一起走过”系列短视频
第七集：效率变革

【旁白】

发展新常态下，全面深化改革正成为中国经济动能转换的重要支撑。事实证明，南通的“放管服”改革，不仅让群众舒了心，给企业松了绑，更让市场释放出巨大活力。

【钱彤】

截止到2018年10月底，南通实有市场主体84.76万户，注册资金总额达23714.2亿元。

2018年1至10月，新增市场主体10.59万户，同比增长12.3%。

【旁白】

十八大以来，简政放权成为全面深化改革的“先手棋”和转变政府职能的“当头炮”。南通“放管服”改革也收获了总理点赞、国务院通报表扬，和企业、群众的满意度增强。2018年3月，十三届全国人大一次会议开幕会上，李克强总理作政府工作报告时指出，深入推进“互联网+政务服务”，对“放管服”改革提出了更高要求。

【施学雷】

就南通市行政审批局而言，我们主要围绕“三个瞄准”下功夫。

一是瞄准“3550”改革常态化，推动营商环境更优。

二是瞄准“不见面审批”标准化，在扩面拓展上更深地落实。

三是瞄准政务服务智能化，在推动一网通办上下功夫。

【旁白】

“放管服”改革，是基于历史的启示，特别是我国改革开放40年内在成功逻辑的启示。经济发展史表明，政府对微观经济运行干预过多、管得过死，就会抑制经济发展活力。

今天，“不见面审批、零缺陷服务、精准化监管”这一升级版南通“放管服”改革，正成为宣传南通一流投资环境的金字招牌，将为南通带来无可估量的“软效益”。

第八集

冠军之城

【旁白】2018年10月29日，23岁的南通籍体操新星孙炜登上体操世锦赛男子团体冠军领奖台，这是南通体育史上第20个世界冠军。42岁的李菊看着屏幕上的这个年轻人，眼前尽是自己21岁的影子。那年，李菊捧回自己的第一座世界冠军奖杯。

【李菊】我是打的第三场，打疯了。第一次比赛，我没有想到发挥得这种淋漓尽致。那是邓亚萍最后一次，带了我、王楠、杨影，我们这一批，最后拿了世界冠军。这孩子（孙炜）当时和我想的是一样的，在我第一次拿（世界冠军）的时候是多么开心，家乡人民对你的关注和关心，真的是一种肯定。作为一个职业运动员足矣，也是幸运的。

【旁白】近20年职业生涯，她获得8个世界冠军、1个奥运冠军。

【李菊】在运动场上需要团结的凝聚力，需要大家一起扶持，需要大家一种凝聚的精神。

【旁白】她的身上展现出南通体育健儿果敢刚毅、自强不息的精神。

【李菊】体育更能体现那种精神。因为你的对手并

“我们一起走过”
系列短视频
第八集：冠军之城

不可怕，可怕的是你自己。我自己练到这个时候，没有退路。我选择到了国家队，我必须到主力，到了主力我才有机会参加世界比赛和奥运会，我不能放弃。

【旁白】改革开放40年来，南通先后涌现出20位世界冠军。连续七届奥运会“届届见金牌”，创造了第一个打破世界纪录、单届涌现3位奥运冠军、“奥运一日夺三金”等纪录，“体育之乡”和“世界冠军摇篮”已成为南通最靓的“城市名片”之一。

【李菊】我觉得南通体育能出这么多世界冠军和奥运冠军确实挺神奇的。第一，南通人综合能力强，有北方人的强悍又有南方人的细腻。还有，文化底蕴非常重要。除了我们打球以外，大家在学习方面抓得非常紧。

【旁白】2016年，李菊担任南通大学体育科学学院副院长。

【李菊】2018年是因为我，整个江苏才给我们南通大学批了乒乓球高水平运动队，看怎么能把它往上拔一拔。

【旁白】这个首位回乡发展的南通籍奥运冠军，立志将学院打造成全国一流专业学院。与此同时，南通的传统优势项目和以足球为代表的新兴势力正在蓬勃发展，红红火火的全民健身热潮，也在有力推动着体育产业的快速发展。江山代有才人出。进入新时代，以孙炜、石宇奇为代表的南通新生代才俊尽情绽放在国际赛场。

【李菊】现在只要是出冠军也好，包括全民健身，只要是跟体育有关的，我都会点赞。

【旁白】“更高、更快、更强”的体育精神，也激励着南通全市上下围绕争当“一个龙头、三个先锋”的新定位、新使命，以追赶超越的精气神，全力建设“强富美高”新南通。“冠军之城”南通，正在奋力谱写“中国梦”的新篇章。

第九集

区域合作

【旁白】

王奇境和他的同事们，正在亲历苏通科技产业园的“爆发期”。2018 年 3 月 30 日，华为南通基地在此落户，到了 11 月 15 日，总投资 73 亿元的 20 个重大项目集中开工。随着大批“高精尖”。项目纷至沓来，苏通科技产业园正在区域合作的舞台上逐渐占据“C 位”。

【王奇境】

（苏通）园区建立以来，先后注册企业 2200 多家，外资注册近 15 亿美金，内资注册 700 多亿元，财政总收入 100 亿元。

【旁白】

翻开南通版图，苏通科技产业园堪称这座城市的“南大门”。此处雄踞黄金水道与黄金海岸的“T”型交汇点，坐拥长江和沿海两大开放带。随着苏通大桥让天堑变通途，这座应运而生的园区一跃成为南通融入苏南、接轨上海的“桥头堡”。

“我们一起走过”
系列短视频
第九集：区域合作

【王奇境】

苏通大桥庆典仪式上，当时的江苏省委书记梁保华同志提出，南通和苏州两地，要借鉴苏州工业园区的发展经验，在苏通大桥北桥头堡再建一个苏州工业园。

我们把上海也作为一个重要的招商引资区域，我们每年会从上海招引比较好的优秀项目来落户。同时，我们也会聘请上海的一些专家来到园区讲授好的经验。

【旁白】

潮平两岸阔，风正一帆悬。改革开放以来，南通引进外资额一直位居全省前列。苏通科技产业园，这片自诞生之日起便自带国际基因的热土，其“雄心”不止于跨江联动，他们意欲在跨国合作与跨越发展上成就一番作为。

【王奇境】

苏通科技产业园最大的特点是跨国合作。在苏通大桥北桥头堡有两个国家级的平台，一个是中新（加坡）合作，一个是中奥（地利）合作。2008 年 11 月 28 日，签订了江苏省和新加坡合作建设苏通科技产业园的协议。2015 年 3 月 27 日，中国和奥地利共同签署了一份文件，共同支持在苏通科技产业园建设中奥苏通生态科技园。

【旁白】

今天，25 个跨江、跨省、跨国合作共建园区，形成全省乃至全国罕见的跨区共建“南通现象”。外高桥启东产业园、上海市北高新南通科技城、苏通科技产业园、中奥苏通生态园……这些各具特色的共建园区，正为南通集聚着最新理念、最新科技、最新产业、最新生态等要素，也为新时代的南通经济注入澎湃动能。

第十集

振兴乡村

【讲述】

我叫刘小飞，是名大学生，也是个花匠，但我更多认为自己是一个农民。

我毕业之后就开始做微型盆景，在顾庄村里，我是第一个“大学生花匠”。

家里觉得我一个大学毕业生做这个，纯属不务正业。

我说：不是，我在自己创业，我要打造自己的品牌。

经过调研，我们发现，相比传统盆景，微型盆景更受年轻人追捧。

所以我前后花了两年左右时间，把近 100 个品种研究透了。

微盆景只有拳头大小，但每盆都要精巧构思，将技艺浓缩在“方寸之间”。

竞争无处不在，怎样寻找自己的出路呢?

必须创新！

我们现在更多是把产品和家居做一些融合，让更多的年轻人找到家的感觉。

在家做产品，如何去销售也遇到了问题。

传统盆景走的是花木市场，销量小，客户单一。

而微型盆景就不同了，搭上互联网的翅膀，花

“我们一起走过”系列短视频
第十集：振兴乡村

木盆景也能飞起来。

现在我每年的销售额在1000万元左右。2018年中秋到国庆期间就卖了近1万盆，每天销量在600盆左右。

一个人富不叫富，只有大家一起富才叫富。

上世纪70年代以前，我们顾庄村也是一穷二白。

改革开放以后，我们的父辈开始通过农民技术培训，搞产业升级。

到了90年代，顾庄已是远近闻名的“无粮村”。

十八大以后，我们成了“中国最美休闲乡村”。

今天在顾庄，我可以骄傲地告诉你：“一百万不算富，一千万算起步。”

我是“85后”，我认为改革开放赋予我们这辈人的，更多的是改革的思维和开放的眼界。

40年了，农民的生活越来越好。现在，每当听到别人称呼我是农民的时候，其实我内心特别开心和骄傲。

第十一集

新侨之乡

【旁白】

上世纪70年代末，家中“烧饭都少柴”的蔡云松，拿着母亲绣的枕头套出去“偷偷摆摊”。彼时的他没有想到，40年后他和昔日海门最穷的林西村闯出了怎样的一片天。

【蔡云松】

现在发展这么快，我根本没有想到。

三星镇有26个村，我们林西村一直排在第25、26位，比较落后。

我们一直贫困下去是不行的。

【旁白】

1978年十一届三中全会胜利召开的天时，鼓起了蔡云松和乡亲们“闯一把”的勇气；与上海近水楼台的地利，教会了他们市场经济的头脑；张謇时代奠定的纺织基础，给了他们摆脱“土里刨食”的资本……到了上世纪90年代，随着一个叫郁建祥的林西村民背着20包床上用品，孤身一人登上开往罗马尼亚的列车，林西人已不再满足于家门口做生意了，他们决定闯进全球市场。

“我们一起走过”
系列短视频
第十一集：新侨之乡

【蔡云松】

通过改革开放和先行的政策，我们从多方面入手，让村民富裕起来。

我们村里面很多人能大胆地走出去了，他们带上家乡的枕头套，到美国的大城市去卖。

【旁白】

闯市场，需要勇闯，更需要智闯。纵览林西村的成长史，不难发现一个有趣的现象，每一次跨越，善于创新的林西人都踩准了时代的节拍，与国家奋发图强的脚步同频共振。这，或许是“林西传奇”的一个成功密码。

【蔡云松】

（我们将）沿着“一带一路”，更深层次地迈向世界，把我们的未来做得更加好，更加繁盛。

【旁白】

今天的林西村，已是江苏首个“华侨村”，更是远近闻名的“跨国经营第一村”。40 年风云激荡，林西村堪称中国农村改革开放成就的缩影和新时代中国农民创新创业的典范。今天，南通在海外经商者超过 6 万，足迹遍布 120 多个国家和地区，南通也因此成为“新侨之乡”。新时代，站在“一带一路”交汇点上的南通，正以更宽阔的视野、更开放的心态，带动南通制造和南通服务闯出去。

第十二集

春风化雨

【解说】

80 岁的李吉林，依旧耕耘在她 18 岁时便扎根的地方——南通师范第二附属小学。1978 年，改革开放元年，她在这里成为南通第一位特级教师。这位日后蜚声全国的教育家，从那一年起开启了她的教学改革之路。

【李吉林】

小平同志给我们带来了教育的春天，整个国家都开放了，“文革”以后我就觉得我还可以去做，我还可以走到孩子们中间。

我快 40 岁了，1978 年（我）40 岁，我该怎么好好干？！

【解说】

教育，改革开放的先行者和助力者。

“文革”带来的十年浩劫，让课堂变得封闭干涸。当改革春风吹来时，从中国古籍中汲取到灵感的李吉林，决心让课堂重焕生机。

“我们一起走过”
系列短视频
第十二集：春风化雨

【李吉林】

情境教育是什么？就是通过情境的创设以后，激起儿童的情趣；就是让孩子带着情感去学习；就是把儿童要学习的知识像一个东西镶嵌在情境中。

通过情境教学，孩子不单是掌握了语言这个工具，而且他（她）受到了熏陶感染。

【解说】

李吉林的情境教育实践，是改革开放后中国基础教育探索的历史缩影。40 年来，特别是十八大以来，始终坚持教育优先发展的南通，将“教育之乡”的城市名片打磨得愈发闪亮。

在这片崇文重教的土地上，先后涌现出 15 批 318 位特级教师，并成就了教育界“新老五朵金花”的佳话。这些辛勤的园丁，又为家与国培养出一批又一批的优秀学子。

【李吉林】

清晨，当国旗升起来的时候，无数只小手并拢五指高举过头，向国旗行礼。鲜艳的五星红旗和千百条红领巾，一起在晨风中飘动。

在这幅画中，我绝不是陪衬，千百颗赤子的心与我的心相通。

正是因为我和许多老师的劳动，让一批又一批的小学生，在他们刚刚步入人生时，就懂得了热爱自己的祖国。

【解说】

千秋大业，人才为基。百年树人，教育为本。

改革开放没有完成时，城市崛起、民族复兴，就像一场接力跑，需要每一代人为下一代人跑出好成绩。

我们坚信，在科教兴国战略和人才强国战略驱动下，新时代的教育事业能将我们这个人口大国，变成人力资源强国。

下一个 40 年的南通和中国，定让世界刮目相看！

图说巨变

改革开放40年来，南通的城市面貌在日新月异中焕然一新。40年前那低矮的市区，如今楼宇大厦错落有致，园林绿化郁郁葱葱，高架通衢畅通无阻，大江港口千舟竞发……今天的南通，已经成为一座经济繁荣、科技进步、交通发达、文化浓郁、风光秀丽、功能齐全的现代化区域中心城市。《南通日报》精心挑选了一组照片，从今昔对比之中，可以窥见这座城市的发展和崛起。

市区旧貌新颜

这是从狼山支云塔上向北远眺南通市区全景的三张图片。上图摄于上世纪90年代。较之改革开放初期，市中心建起了一些高楼，中远造船、华能电厂、醋纤等大型企业相继投产，狼山港集装箱码头开始运营，通城的崛起刚刚起步。城

南还是农村地带。中图摄于本世纪初。城区向南拓展迈开了步伐，行政中心的建成，带动了新区的崛起。下图摄于 2018 年。城南地域迅速城市化，绿化带中楼群林立，高架道路车流如织；高新企业星罗棋布，居民社区鳞次栉比……改革开放的时代洪流，勾勒出浓墨重彩的南通新貌 。

（上图、中图，贾涛根供图；下图，江建华摄）

钟谯二楼复原貌

两张图片上的钟楼和谯楼，坐落在南通老城区的市中心。始建于元代末年的谯楼和有百年历史的钟楼，都是当时城里最高的地标性建筑。小图摄于上世纪 80 年代。南通市级机关设在钟楼内的大院，人员来往都须从拱门进出。西式风格的钟楼在“文革”中被水泥封裹成筒子楼，破烂的谯楼也做了办公楼。大图摄于近年。被命名为省级文物保护单位的钟楼和谯楼修缮一新，钟楼恢复了原貌，楼正面重新刻上了张謇撰书的“畴昔是州今是县，江淮之委海之端”对联，谯楼也成了介绍南通历史的展厅。钟谯二楼成为南通这座古城历史的重要见证。

（贾涛根供图）

破旧小区变广场

改革开放初期，南通老城区大多是低矮破旧的民居。环城西路一侧、西濠河畔的小码头，就是一处老旧的民居小区地块，密密麻麻的房屋小巷，把濠河之滨压得透不过气来。从上世纪 90 年代开始，小码头在老城区濠河周边地带进行的园林、广场和绿化带建设中，发生了翻天覆地的变化，破旧居民区改建成了高品位的文化休闲广场。

（贾涛根供图）

工农路成中轴线

早期的工农路是原八厂街到二号桥的过境公路，仅宽 9 米。随着改革开放带来的经济社会发展，该路在 1988 年拓宽至 30 米左右。原工农南路（现工农路的一部分）两侧为建设新城区的需要，1995 年拓宽到 60 米，成为南通市区的一条新中轴线。

上图：上世纪 80 年代，原工农南路开始拓宽改造。（贾涛根供图）

下图：摄于 2018 年，工农路作为市区的中轴线，已成为一条主干大道。（江建华摄）

濠河功能大演变

这是不同时期站在市区和平桥上向南拍摄的两张图片，同一视角里截然不同的景观，反映了改革开放以来濠河功能的重大演变。从上世纪 80 年代拍摄的上图，可以看到桥下河道里摇橹前进的农船，还有停泊在小码头的连家渔船。这是濠河千百年来船舶运输和作业主要功能的具体体现。进入新世纪以来，通过多年精心治理，濠河从一条生产性河流转变为生态优化、风光秀丽的旅游景区。画船载着游客浏览两岸秀丽的风光，观赏水中流动的景色，享受“船在水中，人在画中”的意境。下图用画面阐释了濠河千年历史上最有意义的功能演变。

（贾涛根供图）

更俗剧场

上世纪初张謇先生创办的更俗剧场，解放后改名人民剧场，90 年代拆除后重建，建筑风格独特新颖，舞台设施一流，成为一座融新技术、新工艺、新材料于一体的艺术殿堂，作为文化大市的文化标志性建筑，为南通增添了一道亮丽的文化风景线。上图：1995 年拍摄的人民剧场拆除前的情景。下图：2018 年拍摄的重建后的更俗剧院。这座融汇了东西方文化韵味的多功能文化阵地，既是演艺中心、电影放映中心，也是会展中心、艺术培训中心，成为南通人民雅俗共赏的艺术殿堂。

（贾涛根供图）

体育公园建濠滨

改革开放后，随着群众性体育活动的蓬勃开展，南通为国家输送了大批体育人才，被誉为“世界冠军的摇篮”，赢得了“体育之乡”的美誉。为了进一步推进全民健身体育活动，我市于 2003 年在原南通制药厂和体育游泳池的旧址上，建成了集各种风格特色的建筑和各种健身器材在内的“体育公园”。上图：俯瞰西南濠滨原南通制药厂的照片。下图：在制药厂原址上建成的体育公园。

（贾涛根供图）

通吕运河第一桥

上世纪 50 年代末通吕运河开凿以后，从南通市区北去如皋、海安，只有南通节制闸一个通道，交通极为不便。1976 年在北土山渡口建设了一座宽 9 米的三孔拱桥，叫运河一桥，市民俗称“一号桥”。2001 年该桥拓宽改建成桥长 160 米、宽 30 米的混凝土大桥，成为市区跨距最长、交通流量最大的景观型桥梁，后因连接通宁大道，该桥被正式定名为通宁大桥。10 多年来，市区交通建设日新月异，通吕运河上自西向东已经有了 10 座大桥。

上图：近日拍摄的通宁大桥。（江建华摄）

下图：上世纪 80 年代拍摄的运河一桥。（贾涛根供图）

北濠河畔大变样

在上世纪八九十年代的濠河整治中，为了让水变清、岸变绿、城变美，曾搬迁和关闭了 56 家重污染企业，拆除了濠河沿岸的违章建筑，建设了一大批游园、绿地和公用设施。下图拍摄的是北濠河畔原南通区航造船厂拆迁时的情景。上图从同一角度拍摄了这个地块的新貌。在打造旅游景区的进程中，这里建成了珠算和审计两座国家级博物馆，成为南通濠河旅游景区的游客中心和游船码头。

（贾涛根供图）

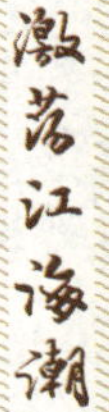

青年路畔新村起

青年路南侧的虹桥新村，于 1981 年始建，建成后是当时市区规划面积最大的居民住宅区。新村内有综合商场、农贸市场、邮电所、储蓄所、卫生所，并建有中小学、幼儿园和小区公园，各类设施完善。近年通过道路改造、调整绿化、房舍出新、菜场升级等举措，新村居住环境进一步改善。上图：摄于 1982 年，新辟的青年路西段上，行人车辆稀少，路旁还有不少战胜大队的农田和农舍，但南侧多处高耸的脚手架，显示虹桥新村的建设进入了高潮。下图：摄于 2018 年，林荫大道青年西路两旁高楼林立，经过升级改造后的虹桥新村，一片生机盎然。

（贾涛根供图）

南翼新城展新貌

南通经济技术开发区是我国首批 14 个国家级经济技术开发区之一。

下图为 1990 年 4 月拍摄的开发区主城区，当时是原新开镇所在地。（曹力军供图）

上图为 2018 年秋天拍摄的星湖街区。以星湖 101 广场为核心，周边学校、住宅、交通陆续完善，成为开发区的核心商圈。（钱咸华摄，贾涛根供图）

新城区拔地而起

上图：上世纪 90 年代南通城东南郊的景观，工农路两侧还是农舍遍布的农村地带。（贾涛根供图）

下图：直插云霄的摩天大厦，错落有致的办公楼群，设施现代的各类学校，顾客盈门的大型商城，多种功能的会展中心…… 展现了新城区欣欣向荣的美好景象。（江建华摄）

图书在版编目（CIP）数据

激荡江海潮 / 中共南通市委宣传部编；南通报业传媒集团编．-- 南京：江苏人民出版社，2019.3（2023.5重印）

ISBN 978-7-214-23306-6

Ⅰ．①激… Ⅱ．①中… ②南… Ⅲ．①改革开放－成就－南通 Ⅳ．① D619.533

中国版本图书馆 CIP 数据核字 (2019) 第 049496 号

书　　名	激荡江海潮
编　　者	中共南通市委宣传部 南通报业传媒集团
责任编辑	戴亦梁 黄山
责任校对	戴亦梁
装帧设计	岳招军 顾玲玲 魏一凡
出版发行	江苏人民出版社
出版社地址	南京市湖南路 1 号 A 楼，邮编：210009
出版社网址	http://www.jspph.com
照　　排	南通三角洲杂志有限公司
印　　刷	三河市同力彩印有限公司
开　　本	718 毫米 ×1000 毫米 1/16
印　　张	11.5
字　　数	93 千字
版　　次	2019 年 3 月第 1 版　　2023 年 5 月第 2 次印刷
标准书号	ISBN 978-7-214-23306-6
定　　价	62.00 元